淘宝天猫网店

胡冬申 ◎ 著

图书在版编目（CIP）数据

淘宝天猫网店实战宝典 / 胡冬申著 . — 北京：北京联合出版公司 , 2019.12
ISBN 978-7-5596-3609-6

Ⅰ . ①淘… Ⅱ . ①胡… Ⅲ . ①电子商务—商业经营—中国 Ⅳ . ① F724.6

中国版本图书馆 CIP 数据核字 (2019) 第 186626 号

淘宝天猫网店实战宝典

作　　者：胡冬申
选题策划：北京时代光华图书有限公司
责任编辑：管　文
特约编辑：李淼淼
封面设计：李尘工作室

北京联合出版公司出版
（北京市西城区德外大街 83 号楼 9 层　　100088）
北京时代光华图书有限公司发行
北京军迪印刷有限责任公司印刷　　新华书店经销
字数 255 千字　　787 毫米 ×1092 毫米　　1/16　　17.5 印张
2019 年 12 月第 1 版　　2019 年 12 月第 1 次印刷
ISBN　978-7-5596-3609-6
定价：68.00 元

版权所有，侵权必究
未经许可，不得以任何方式复制或抄袭本书部分或全部内容
本书若有质量问题，请与本公司图书销售中心联系调换。电话：（010）82894445

必看的前言

A 是某出口型工厂的业务员，为了增加收入，他多年前就在淘宝网开店，出售工厂生产的沙滩巾，积累了丰富的网上开店经验。他就职的这家工厂厂龄超过十五年，工厂老板一直在谋求工厂的转型升级而不得其法。

某日，A 向工厂老板提议：老板的儿子 B 如果不愿意在工厂接班，可以尝试在网上开店，这样一份比较新潮的工作可能更加适合 B 的发展。有自己的工厂，在价格上有压倒性优势；有现成的员工，前期可以利用工厂办公室人员作为客服，既可以节省前期资金投入，又可以增加员工的福利；有雄厚的资金支持，可以在网上打造一个属于自己的网销品牌，相对于其他开店的人来说，具有很大的竞争优势。

A 的想法是，因为目前自身的经济状况并不允许他单打独斗闯一番事业，所以他想通过游说老板投资网店，从而利用自己的专长把这个平台做起来，以后则以创始人身份成为新公司的重臣元老。

老板觉得这个主意不错，不仅可以解决B的工作问题，还可以给工厂利润带来一定的提升，于是命B开始筹备网店。

A万万没有想到的是，老板及其儿子B简单和自己谈了一次话之后，便领着B的表弟开店去了。

B采购了多台电脑、专业照相机等，还招聘了模特，前期就投资了十几万元。然后两个懵懂的少年郎开了淘宝店铺，卖自家工厂生产的沙滩巾，其中包括A在工厂挑选的库存尾单货物。他们通过自己的人脉关系进行了多笔虚假交易。但毕竟是两个没有任何网上开店经验的愣头青，整整三个月的时间，真实成交的客户只有两位。

一位客户购买了一条沙滩巾，却给了一个差评，B只好免费把沙滩巾送给了这位客户，让他修改了评价；另一位客户居然是批发商，他把A帮忙挑选的一款风格独特的库存尾单沙滩巾，以成本价全部买走了。显然，这样的经营业绩磨灭了B的耐性，他向父亲汇报自己最终的结论：这种出口的沙滩巾并不适合在中国国内销售，没有市场！几个月之后，这家淘宝店铺就再也没有人管理了。

短短一两年，工厂的经营每况愈下。工人工资成本越来越高，订单逐步减少，利润大幅收窄，昔日红火的企业陷入亏损。老板开始跨界扩展，不断地把资金输入新产品生产线。B又开始承担起网上推广新产品的大任。这次B以新公司自有商标注册了天猫旗舰店，即便如此，天猫店铺开业半年，仍是一笔生意都没有做成。老板亲自参加了一次"研讨班"，最终决定将天猫店铺全权委托给第三方运营，前期被忽悠交付了六万元的指导费，几个月时间颗粒无收，最终自愿解除合同。

此时，A业已离职。A联系走访了一家沙滩巾工厂，把订单放在这家工厂生产加工，能获得比较丰厚的差价利润；而且该工厂还取得了支付宝的企业家实名认证授权，可以在阿里巴巴开设企业店铺。之后，A又自己注册了一家有限公司和自己的商标，入驻义乌小商品城，依次开通了1688、阿里巴巴英文站、天猫商城、全球速卖通等网上店铺。自己创业后的第七个年头，A每天的快递发货量最多时为三万多单。

在本书的开头，我简单讲述这么一个故事，目的在于告诉你网上开店必然要面对成功与失败。

故事里面其实有两个细节值得关注和思考。一个细节是选款问题，A选择的少量特殊风格的尾单沙滩巾上架在B的店铺，被批发商一次性买走，说明这种沙滩巾并非没有市场。而没有经验的B未进行市场调查，导致安排生产的商品不能被市场认可，有市场的商品因为不能及时补货，只能下架。

另一个细节是定价问题，B的尾单沙滩巾以成本价被扫货，他并没有赚到一分钱。后来A在自己的淘宝店铺也上架了该款产品。这款产品，工厂的成本价格是15元，A以18元的价格拿货，以68元的价格在淘宝销售。A的其他款沙滩巾并没有如此高的利润。对比A和B的定价模式可以看出，店铺赚不赚钱取决于店主的策略。既然是特殊风格，其必然存在与自身风格相匹配的价值。别人没有的产品，只有你一个人卖，你却没有赚到钱，是因为你缺少一双用心发现的眼睛。

用心发现，可能是你的淘宝店成功的关键所在！

在现实中，很多店铺悄然无声地死去，因为其经营者往往缺少在实践过程中不断地摸索、探寻事件本质的钻研劲儿，反而沉迷于表象，比如反复装修店铺、虚假炒作等。

很多店铺走出低谷，可能仅仅是某一单独事件触发了销量。比如某卖家请知名博主写了一篇推广软文，借助其影响力持续地获得成交，再借助该人气宝贝参加淘宝官方的活动，点爆全店销量，努力维持金牌卖家称号得以发展。而起初的软文，就是诸多推广方法中的一种。这种方法不是发明，也不是简单的发现，而是卖家用心的发现，经历过挫折，经历过痛苦，经历过无奈，并没有放弃的一种发现。

淘宝变化太快，这个世界变化太快！用心发现，才能拥抱变化。

深夜忙于修订稿件，略显疲劳，兴许言不达意，感谢你们耐心阅读。本图书的策划编辑翟倩倩多年来给予我很多鼓励、建议，其同事不辞辛劳地审阅稿件，安排出版发行，一并致谢！

你们的朋友　胡冬申

目 录

Part 1 | 开店常识——不可不知的入行门道

第一节　新手开店常见误区　/003
一、先卖虚拟商品　/003
二、早开店，多进货　/004
三、插件服务都有用　/004
四、上架的商品越多越好　/004
五、定价越低，销量越高　/005
六、炒作信誉度才能有销量　/005
七、没生意的时候无事可做　/006
八、旺旺叮咚声代表生意来了　/006
九、也许我来得太迟了　/007
十、做代理很难赚到钱　/007
十一、店小不赚钱　/007

第二节　开家有特色的淘宝店　/008

一、够专业，才算有特色　/008

二、特色店铺，好处多多　/009

第三节　如何破解新店面临的困局　/010

一、新店面临的困局　/010

二、破解困局的关键　/011

第四节　避免容易被处罚的行为　/012

一、违背承诺　/012

二、重复铺货　/013

三、商品标题乱用关键词　/013

四、典型作弊行为　/014

Part 2 | 开店流程——手把手教你开出个性店

第一节　货源准备：如何淘到物美价廉的宝贝　/019

一、直接向工厂订货　/020

二、大型批发市场　/021

三、淘宝货源中心　/021

四、代理销售　/024

五、充分利用自身和身边的资源　/025

第二节　网上开店：开店的准备工作和流程　/027

一、开店的基本流程　/027

二、开店的硬件配套　　/027

三、开店的软件配套　　/028

四、注册一个好名字　　/028

五、开店要不要选吉日　　/029

第三节　做一名合格的淘宝客服：理解淘宝的"亲文化"　　/030

一、淘宝客服的工作分阶段和分类　　/031

二、售中客服的基本素质　　/032

三、售中客服如何以正确的心态和买家线上交流　　/033

四、如何利用千牛更好地在线服务买家　　/048

第四节　淘宝助理：智能发布宝贝信息　　/055

一、商品类目放置和调整　　/056

二、商品标题　　/059

三、宝贝卖点　　/066

四、商品常用卖法　　/067

五、卖家缺货处罚　　/068

六、商家编码　　/069

七、上架时间　　/070

八、运费与运费模板　　/072

九、宝贝分类　　/076

十、商品图片　　/077

十一、宝贝视频　　/082

十二、商品扩展信息　　/083

十三、橱窗推荐　　/085

十四、颜色分类　/085

十五、宝贝描述　/086

十六、手机宝贝描述　/092

十七、商品的模板复制与批量编辑、导入、导出　/093

第五节　傻瓜式的店铺装修　/095
一、电脑端的店铺装修　/095
二、手机端的店铺装修　/096

第六节　包装与物流：怎样打包又快又便宜　/097
一、严格管理出库流程　/097
二、包装常用辅料　/100
三、如何避免商品在运输途中损坏　/101
四、如何减少包装成本　/101

第七节　代理与代销：教你"空手套白狼"　/103
一、代理平台网址　/103
二、入驻代理平台的准备工作　/104
三、了解代销平台的供货安全　/106
四、代销平台的资金流转模式　/106
五、代发商家的权利与责任　/108
六、免费使用代销平台服务　/108
七、付费使用代销平台服务　/118
八、每天坚持上架几款新品　/123
九、在售的女鞋是否一直会生产　/124

十、鞋卖出去之后，该怎么操作 /124

十一、关于代理售后服务工作 /125

十二、关于女鞋尺码问题 /126

十三、利用手机管理代理平台 /129

十四、代理平台的优缺点解析 /129

第八节 自我诊断店铺的健康状况 /130

一、横向一般性分析 /130

二、纵向一般性分析 /135

三、行业特殊性分析 /136

Part 3 | 运营实战——玩转推广，轻松赢利

第一节 提升店铺人气1：提高宝贝搜索排名 /141

一、基础因素 /141

二、店铺运营因素 /141

三、品牌因素 /142

四、商品因素 /142

五、服务因素 /143

第二节 提升店铺人气2：培养人气宝贝 /144

一、为什么要培养店铺内的人气宝贝 /144

二、宝贝本身的优势 /146

三、关键词优化 /147

四、交互式内部广告　　/149

　　五、多元化推广方式　　/151

　　六、店铺营销工具　　/152

　　七、人气宝贝与人气店铺　　/153

第三节　提升店铺人气3：稳固老客户　　/154

　　一、对老客户进行日常维护　　/154

　　二、利用老客户提升人气　　/156

第四节　提升店铺人气4：巧妙定价　　/158

　　一、各种各样的价格，你是否认真思量过　　/158

　　二、淘宝定价需考虑的独特因素　　/165

　　三、淘宝特色定价存在的必要性　　/166

　　四、打折工具，天天打折从未停歇　　/167

　　五、参加打折活动后，反而走向死亡　　/168

第五节　提高店铺信誉度1：增加好评率和动态评分值　　/170

　　一、商品描述相符度　　/171

　　二、卖家服务态度　　/172

　　三、发货时间与快递选择影响买家评分　　/173

　　四、如何提高店铺动态评分　　/174

　　五、文字评论、买家图片秀和视频秀的重要性　　/175

　　六、对中评、差评的应对措施　　/176

　　七、勇于承担责任和服务有度　　/177

　　八、正确面对买家的投诉行为　　/178

第六节　提高店铺信誉度2：正确看待卖家信誉度炒作　/180

一、淘宝网对虚假交易的规定　/180

二、是不是每个卖家都参与过信誉度炒作　/181

三、信誉度炒作热火朝天，为何自己炒作那么难　/183

四、揭开信誉度炒作卖家的神秘面纱　/183

五、走正道难道就没有成功的可能吗　/187

第七节　有效的推广模式：阿里妈妈　/189

一、付费广告有哪些模式　/189

二、阿里妈妈CPS推广模式概述　/192

三、淘宝卖家加入阿里妈妈的重要性　/194

四、推广者是如何进行商品推广的　/194

五、佣金比例的设置　/195

六、通用计划、营销计划、自选计划的区别　/195

七、推广的逻辑追踪　/196

八、商品打折了，如何统计佣金　/196

九、买家申请退款，佣金处理方法　/196

十、阿里妈妈推广技巧　/196

第八节　门槛较低的推广方式：淘金币　/201

一、淘金币的运营基本原理　/201

二、参加活动——淘金币官方招商　/202

三、加入淘金币推广的重要性　/202

第九节　免费参加卖家扶持活动：天天特卖　/203

一、什么样的店铺可以参加天天特卖活动　/204

二、什么样的商品可以参加天天特卖活动　/204

三、什么是9.9元包邮　/206

四、如何让自己的商品排到前面　/207

第十节　免费提供商品给买家：阿里试用　/210

第十一节　按照点击付费：淘宝直通车　/210

一、淘宝直通车到底是吸血的魔鬼，还是创收的魔杖　/211

二、商品开直通车的条件　/212

三、什么是关键词匹配　/212

四、直通车推广的选择条件　/213

第十二节　淘宝站外推广：八仙过海，各显神通　/214

一、如何查看网店的访问流量　/214

二、"网络免费推广100招"有没有实用价值　/215

三、建设自己独立的网站平台　/215

四、在百度旗下产品中进行推广　/217

五、在腾讯旗下产品中进行推广　/221

六、在论坛中进行推广　/223

七、CPC广告联盟平台　/225

八、利用热门事件进行推广　/226

九、在购物网站中进行推广　/226

十、利用小视频营销、在线主播进行推广　/227

十一、利用博客、微博进行推广　/227

十二、在视频网站中进行推广　/227

十三、其他线上推广模式　/228

第十三节　线下推广　/228

一、线下推广模式需考虑的要素　/229

二、线下推广的一些手段　/230

三、印刷广告宣传品的一些诀窍　/231

第十四节　卖女鞋的小姑娘：淘宝网店小老板的故事　/233

一、开心果眼中的成功　/233

二、开心果的开店准备　/234

三、开心果如何甄选代理的女鞋货源　/234

四、开心果的线下推广方式　/235

五、开心果为自己的店铺花了不少心思　/235

六、开心果开店的故事说明了什么道理　/237

Part 4 | 全网实战——突破重围有妙招

第一节　天猫开店　/241

一、天猫店铺的四种类型　/241

二、在天猫开店的一些常见问题　/241

三、加入天猫的流程　/242

四、加入天猫需注意的问题　/244

五、参加活动对天猫商家的重要性　/245

第二节　阿里巴巴国际站　/246

一、缺乏店铺运营人才　/246

二、立竿见影的矛盾　/246

第三节　阿里巴巴诚信通　/248

一、为什么开通了诚信通没有起到多大的作用　/248

二、诚信通的商品信息排序　/249

第四节　面向全球市场的全球速卖通　/250

一、全球速卖通和淘宝网的类似性与不同点　/250

二、商品的上架　/251

后　记　/253

独家技巧

- Tips 想方设法找工厂尾单 /020
- Tips 带着名片去批发市场 /021
- Tips 做代理，也要"货比三家" /024
- Tips 账号应短而好记，最好不要夹杂数字和字母 /029
- Tips 开店之前必须充分考虑八个问题 /030
- Tips 对买家有礼貌，摆脱"冤枉"的中评、差评 /032
- Tips 比买家懂得多一点，留住客户多一些 /033
- Tips 试试把商品放到别的类别里 /057
- Tips 好的商品标题有八大要素 /059
- Tips 买家搜索基本都采用"名词+形容词"模式 /062
- Tips 添加流行热点"×××同款"，轻松变爆款 /063
- Tips 新手卖家拟定标题忌犯两个错误 /064
- Tips 上架商品须锁定黄金时间段，避开节假日 /071
- Tips 向合作快递公司索要外包装塑料胶袋，并记录包裹重量 /072
- Tips 买家购买包邮商品越多，卖家赚得越多 /075
- Tips 商品图片忌文字太多，否则会被降权处理 /077
- Tips 简单几招，拍出优质商品图片 /081
- Tips 建议卖家将买卖账号分开使用，以防遭恶意报复 /085
- Tips 同一件商品可设置不同颜色，并附上对应的图片 /085
- Tips 商品描述应涉及买家最关心的三大问题，轻松实现买家自助购物 /087

- Tips "快速直达"务必涉及价格优惠与物流配送 /088
- Tips 在商品描述中植入广告,带动店内销售 /091
- Tips 单独设置手机商品描述,可获得更多流量支持 /093
- Tips 巧妙利用淘宝助理辅助功能,让你事半功倍 /094
- Tips 打单分四批处理,从源头防止发货出错 /099
- Tips 不同材质的包装适用于不同类型的商品 /100
- Tips 采用合适的防震包装辅料与封口方式,避免商品在运输途中损坏 /102
- Tips 我曾有很长一段时间免费使用一家鞋店的纸盒作为包装盒 /102
- Tips 入驻代理平台的准备工作要充分 /104
- Tips 掌握一种合理的零售价格制定模式 /114
- Tips 不要盲目上架,精心做好商品的优化 /123
- Tips 在商品尺码中加入购买建议,轻松搞定女鞋尺码难题 /126
- Tips 淘宝搜索排名玄机早知道 /141
- Tips 人气宝贝不看总体成交量,而看是否连续N天都有成交 /145
- Tips 集中火力推广同一件商品,才能培育出人气宝贝 /146
- Tips 运用搭配套餐,有效带动店内销售 /150
- Tips 有时需通过下架低成交商品,来提升店铺整体信誉度 /153
- Tips 建议建立单独的客户资料库,或成立老客户管理部门 /155
- Tips 以超低价格让会员试用并评论,提高商品人气 /156
- Tips 以优惠、奖励等鼓励和刺激老客户拉入新客户 /157
- Tips 一口价设定为吊牌价,再使用打折工具进行销售,更易参加活动 /159
- Tips 参加活动一定要能带动其他商品的销量 /163
- Tips 定价要预留淘金币抵扣与好评返现的空间 /165
- Tips 利润微薄者可搭配促销商品进行销售,以赚取运费差价 /165

- Tips 打折活动结束后，商品应逐步多次提价 /170
- Tips 客服应答时间、相关推荐、售后服务决定买家对服务态度的评分 /172
- Tips 对于可预见的销售，可提前将商品打包入库 /173
- Tips 好评返现不宜出现在商品描述页面，最好随包裹宣传 /174
- Tips 通过好评返现、发放赠品、延长保修期等提高动态评分 /175
- Tips 买家图片秀多的商品的搜索排名往往更靠前 /176
- Tips 妥善处理中评、差评的诀窍：一道歉，二解释，三赔偿 /176
- Tips 避免令买家反感的客服售后行为 /177
- Tips 时刻记住，商品排序的规则随时会变 /187
- Tips 阿里妈妈实行"不成交不付费"，对卖家极为有利 /192
- Tips 各大网站上的淘宝的广告几乎都来自阿里妈妈平台 /194
- Tips 参加天天特卖活动忌依靠单品成交，应进行搭配销售 /205
- Tips 选择性价比高的商品参加天天特卖活动，提高转化率 /205
- Tips 要选择热销、价值高的商品参加9.9元包邮活动 /207
- Tips 撰写嵌入广告的有价值的动态、软文，吸引QQ好友转发传播 /222
- Tips 充分利用QQ群里的群相册、共享文件和群论坛进行推广 /222
- Tips 抢帖子的"沙发"，尤其是重要帖子的"沙发"发布广告信息 /223
- Tips 在本地论坛做广告推广更容易 /224

Part 1

开店常识
——不可不知的入行门道

第一节　新手开店常见误区

　　一般而言，新手在淘宝开店，大部分都是在"淘宝大学"进行学习的。不能说这些地方的帖子内容完全没有用，只能说，在淘宝官方的地盘，有多少人能将自己最真实的经验倾囊相授？有的话，不能说；有的事，不能做。你看到的、听到的，也许都只是表面的、基本的东西。对于获得成功的真正经验，卖家只会守口如瓶，只会告诉你关键词优化、上下架时间优化这类众所周知的经验。而且这些知识比较杂乱，基本都是你一言、他一语。更糟糕的是，你的"拿来主义"思想往往让你听了几堂课、看了一些帖子后，就以为自己已经摸透了淘宝。总而言之，淘宝店的成功之路有千万条，但要真正做好淘宝店却并非易事。

　　我在这里总结了新手开店的一些误区，希望你可以不再想当然，能够理性地思考问题。

一、先卖虚拟商品

　　很多新手卖家认为，开店无非是先上一些虚拟物品，把信誉度提高，以后卖实物就会容易些。这样的想法是大错特错的，当被列为淘宝开店首条误区。其实，你只要理性地分析一下就会明白，这么操作的实质就是在欺骗买家。而且，大家都想这么做，淘宝难道不会针对这样的情况进行制裁吗？我所认识的一些想通过兼职开店的方式赚取外快的朋友，基本上也都是先上架虚拟产品来提高信誉度。他们这么做的理由是，炒作实物商品无法解决物流问题，选择"无须物流"看起来不太靠谱，所以只能先炒作虚拟物品。但是，很不幸的是，这些朋友的店铺最终很少有能生存下去的。不仅实物商品没流量、没成交，连虚拟商品也一样没人购买。

二、早开店，多进货

很多人心浮气躁，急于求成，往往盲目进货、盲目投资，结果以失败告终。做事有干劲、雷厉风行固然是好事，但是如果一听说淘宝开店很容易赚钱，身边的谁谁谁都发财了，就仓促上马，盲目进货，甚至有的投资者自己丝毫不懂电子商务，迷信各类靠嘴巴吃饭的讲师，不分析产品是否适合网上销售、是否有竞争优势、是否有推广的渠道、是否有匹配的网店管理人才，就匆忙开店，胡乱进货，结果会怎么样呢？养活了别人，坑坏了自己。

三、插件服务都有用

有些人把钱看得太轻，总是随意购买一些不需要的物料和插件服务。殊不知，花钱容易赚钱难，不需要的东西太多，甚至连放的地方都没有，这样不仅浪费了钱，更浪费了大量时间、精力，而且毫无益处。

四、上架的商品越多越好

当然，我们不排除淘宝对新品增加优先展示的权重的可能，但是上架商品数量太多，往往会导致商品因没有成交量而变成僵尸商品。面对成百上千的僵尸商品，要想让它们一个一个地获得重生，得花费多少时间和精力呢？很多生意不错的卖家，如果你仔细看看他们的店铺，会发现其实里面的商品数量并不多，甚至有些店铺的商品数量还不足十件。他们依靠的往往就是几件销量巨大的人气宝贝。新手卖家往往把一套商品进行拆分销售，皇冠卖家却往往把几件商品打包进行销售。之所以会有这样的不同，是因为新手卖家认为商品数量多，就会有更多的搜索流量；皇冠卖家则信奉"聚沙成塔"，把人气集中到一件商品上，以便获得单品的更高排名。另外，如果是做库存销售的卖家，商品数量少，更易于管理。

五、定价越低，销量越高

俗话说"薄利多销"，很多人认为定价低就会有不错的销量。在后面的章节里，我会专门对定价问题进行详细分析，并不是定价低就可以卖得好。淘宝已经形成了打折定价的风气，所以你需要入乡随俗，才能获得参加一些活动的入场券。定价低并不值得推崇，要知道你在淘宝开店付出的精力绝对比在其他行业要多得多，如果开淘宝店都不赚钱甚至亏本，那你不如趁早关门。实际上，淘宝里面某些商品的零售价格比工厂批量出货的价格还要低。因为有的生产企业亏本抛售库存、尾单或客户退货的货品，以盘活资金；甚至有的企业面临倒闭，成品被低价拍卖；有的个人或公司入手了产品却滞销，因而不得不亏本转售，所有这些商品都可能流入淘宝以低价销售。我见过被客户退货的案例，商品出厂订单价20元一件，卖家即使以7元一件的低价销售，却还是没人愿意购买。所以，销量不一定是由价格主导的。在淘宝开店，不推广就意味着等死。

六、炒作信誉度才能有销量

有人认为，没生意就是因为没人帮自己炒作信誉度。信誉度固然重要，但那些销量很高的商品并不一定都是依靠信誉度炒作出来的。很多卖家往往是以少量的信誉度炒作为引子，引发性价比高的商品的销售高潮，并依靠多种多样的推广方法来获得稳定的人气值排名的。把没有生意归咎于没人帮自己炒作信誉度，是一种偏激的想法。大家可以仔细想一想，到底为什么炒作信誉度？可能多数人的答案都是为了升级。那么，别人又是为了什么炒作信誉度？别人是为了提升单品人气值，或是为了可以达到参加某些活动的准入门槛。很明显，两者的出发点上就不同，获得的商品销量自然也就不同了。

七、没生意的时候无事可做

只要商品上架了就都可以卖掉吗？我可以回答你：十几年前确实是这样的，可能你把商品取名为"女凉鞋"就可以成交。但是，现在就没那么简单了。很多新手开店没生意就觉得没事情可做了，只是无聊地看经验帖子，无聊地反复装修店铺，这实际是在浪费淘宝对新店的扶持时间。其实，新手卖家要做的事情实在太多太多了。网店要做成功，可能需要尝试一百种甚至更多种方法。你可能想象不到，写一篇关于自己出售的商品的知识帖，会让你的店铺客流量大增，销量暴涨。我就曾经写过这样的帖子——一篇从专业角度介绍商品的知识帖，最终被淘宝收录到购物指南，还在淘宝的首页悬挂了半月之久。不仅如此，大大小小的网站、论坛也纷纷转载，很多批发商家甚至专门找到我，而他们一个订单的金额常常超过一万元。

八、旺旺叮咚声代表生意来了

你以为买家都会用阿里旺旺联系你并确认之后再购物吗？我只能非常遗憾地告诉你：新店开业之初听到的叮咚声，往往是向你发广告或者来诈骗的。这些人正是利用了新手卖家对订单的焦灼期待而设下重重陷阱，所以，当叮咚声响起时，请务必提高警惕，不要轻易相信非买家的谎言。

九、也许我来得太迟了

"现在淘宝卖家的竞争这么激烈,要是我早几年开店,现在也许就是一个网店的大老板了!"没错,你这么认为是正确的。开店确实是以前容易现在难,但是也不代表现在就没有机会了。不管是淘宝集市的 C 店,还是天猫商城的 B 店,每年都有大量的新店出现。所以,你要对自己有信心,冷静而热情地对待,要知道通常只有理智而疯狂的想法,才能创造出奇迹,才能最终实现梦想!

十、做代理很难赚到钱

其实很多卖家淘宝都在做代理销售,包括皇冠店铺,甚至天猫卖家。虽然代理商品销售有很多缺陷,但是由于不会有资金的积压,开店的风险便大大减小。只要你懂得推广,无论是卖自家的商品还是别人家的商品,都可以赚到钱。

十一、店小不赚钱

一个月才有 50 ~ 60 个订单,这样寥寥无几的成交量怎么可能赚得到钱呢?不一定。这得看卖家出售的是什么类型的商品。很多小店虽然交易量低迷,但可以有不错的收入。比如工业原材料卖家,其销售的商品原本就是针对工厂的,普通买家根本不会看,然而,如果卖家所销售的原材料被工厂选中,一个订单的成交金额就可能是几万元。这样的店铺和阿里巴巴商城有些相似,它们的交易并不一定在线上发生,有可能私下签订购销合同,直接通过企业银行账号进行转账付款。再比如,装饰公司成交的装修单笔订单金额也是很大的,如果把材料提供、上门服务等项目都算在内,可以轻松达到数万元。

第二节　开家有特色的淘宝店

一、够专业，才算有特色

何谓有特色的淘宝店？这个问题的答案，可以用简单的两个字——"专业"来概括。

所谓的"专业"，主要体现在以下几个方面：

1. 行业的垂直分类精细化

同样是服饰卖家，一家店的特色与专业性就体现在：

（1）男装、女装分开卖。

（2）衣服和裤子分开卖。

（3）内衣、睡衣、打底衣、T恤等分开卖。这意味着，卖内衣的专卖内衣，卖内裤的专卖内裤，卖睡衣的专卖睡衣，才更具"特色"。每类卖家又聚合了市场上所有这一类产品更加精细的分类，能最大限度地满足不同人群对这类产品的需求。

又比如，专卖少年服饰的卖家除了休闲服饰这一分类，还能以舞蹈服装、学生制服、运动装等分类来体现专业化。当然，垂直化分类如果过度精细，也可能会造成青黄不接的现象。所以，在选择主营产品时，需要充分而慎重地加以考虑。

2. 品牌化

这一点尤其体现在天猫卖家中，因为他们往往都是某一品牌的专营卖家。

3. 粉丝同类化

区别于品牌化的概念，比如流行的民族风、波西米亚风、ins风、日系、韩系等。此外，偶像产品专营、地方特色小吃专营，以及一些农家自制的风味小吃专营也都属于同类化范畴。

4. 横向一站式购物

比如，顾客需要给自己的厨房添置用品，那么进入此类店铺就可以购买到几乎所有与厨房相关的产品，无须再选择第二家，这便是横向一站式购物。

二、特色店铺，好处多多

这个问题，依然可以用"专业"来回答。因为专业，所以选择。在竞争日益激烈的淘宝上销售商品，缺乏特色的店铺往往难以为继。如果你的店铺既卖衣服，又卖小吃，还卖电器，那么，它看起来不像超市，反而像一个杂货铺。虽然商品的数量多，在某些程度上会增加若干流量，但也会带来滞销风险，从而降低店铺成交活跃度。另外，淘宝在考核店铺绩效的时候，是按照类目进行的。比如统计服饰类卖家排名，那么你的小吃和电器的成交金额都不会计算到服饰类目中。

一般来讲，特色店铺会受到淘宝更多的流量扶持。淘宝会给这些特色店铺输入准确而精细化的买家流量，因而其转化率要比普通卖家的高出很多。这就意味着你的商品越精细，淘宝带给你的流量就会越匹配，成交率也就会越高。

特色店铺往往还享有定价权。同样一件商品在杂货铺里的销售价格为30元，在特色店铺中却可能卖到100元，而买家还偏偏愿意在特色店铺中花高价购买。这是为什么？因为买家相信其专业性！

第三节　如何破解新店面临的困局

一、新店面临的困局

作为卖家，在没有成交量的时候，千万不可沉迷于店铺的反复装修，也不要为店铺的华美外观而扬扬自得。在经营一些品牌商品时，你更没必要花费大量的时间去学习店铺装修，只需要让店铺与品牌保持总体风格上的一致即可。要知道，店铺的装修对流量是没有多少影响的。开淘宝店，重要的不是把自己的网店装修得多么漂亮美观，而是做好网店的推广工作，让更多的人来访问你的网店，从而促成交易，实现盈利。

一般来讲，新店面临的困局主要有以下几种：

第一，以为自己付出了很多努力，听了许多讲师的培训，也在网上学习了不少知识，但是成效不大。一天到晚只有发广告的阿里旺旺的叮咚声，没有真正来谈生意的。

第二，发现拍下产品的基本都是来诈骗的，没有付款的。自己充满了期待，准备做世界上最好的客服，最后发现自己在满腔热血地和一个骗子交谈，浪费了时间和精力。

第三，感觉自己做了一些推广，却没有收获。时间一久，便变得非常迷茫，甚至怀疑当初听到的"淘宝开店很赚钱"只是别人编织的一个传说。

第四，平时没有觉得自己的人际圈很窄，等到要朋友帮忙买东西（或者炒作信誉度）时，才发现原来自己的人缘如此差，能帮上忙的就那么几个人。关系很铁的同事，有心帮忙却使用的是同一个局域网IP，因而无效；关系一般的朋友，都有自己要忙的事情，他们往往会说自己没有淘宝账号，也不会弄那些很复杂的程序。

当你真正开了网店，你就会意识到：果真如此！淘宝的生意还真不像想象中那么容易和顺利。在苦苦等待中，能遇到几个买家，你就会对人家感恩戴德。

二、破解困局的关键

每一个坚强活下去的卖家都有自己不同的成长历程。大家仅仅看到了他们的成功，却没有看到他们的付出，而这种付出可能远远超出你的想象！

我见过，兼职卖家一边工作一边接待前来咨询的买家时的那种忙碌不堪：大家还酣睡未醒的时候，他便已经在处理晚上未在线时积累的旺旺消息；大家一起瞎聊侃大山的时候，他在为买家答疑解惑；大家都在午休的时候，他在仓库里拣货、打包、发货；大家下班之后各自找乐子去了，他却还守在电脑旁做推广。他们几乎从来没有悠闲地吃过一顿饭，没有和朋友打过一场麻将，没有在晚上11点前关电脑睡过一个早觉。

我见过，十几岁的小女生地毯式地搜索生产工厂来作为供货货源：她们敲开了工厂的大门，却被告知要找生产办公室的某某人；敲开了生产部的大门，又被告知要找行政办公室的某某人；敲开了行政办公室的大门，又被告知要找营销部的某某人；而到最后可能被告知，工厂并不能给她们供货。

我见过，代销店主为了卖出一双鞋子，挨个询问认识和不认识的人。她以自己的百般热情来面对那些冰冷如霜的眼神和脸庞。

一切的努力都只为了明天的成功。然而，那张灿烂而阳光的笑脸之下，难道就没有烦恼和苦闷吗？

这些故事，包含了太多的辛酸苦辣。在他们的成长经历中，这也许只是生命中的小插曲；在你的眼里，这可能不足为道。但是，你绝不能小看这些努力与付出。你要始终记住一点：付出可能没有回报，但是不付出就完全没有回报。

那么，究竟该如何破解新店面临的困局呢？

我想，无论说什么、说多少，归结起来就是两个字——"推广"。关于这一点，后面我会着重加以介绍。当然，这仅仅出于我个人的理解和认识，可能在有些人眼里会显得很肤浅、没有深度，但是我坚信一点："宝可不淘，信不可弃。"相信你也不会轻言放弃，放手去探索和开发更多的淘宝之路、推广之门，迈出前进的步伐，从而走向成功的彼岸。

第四节　避免容易被处罚的行为

淘宝网现行平台规则分为七大类，分别是：市场管理与违规处理、消保及争议处理、信用及经营保障、行业管理规范、特色市场规范、营销活动规范、内容市场规则。最新的规则公布网址为：https://rule.taobao.com。

在此列举一些常见并容易被处罚的行为，以供参考。

一、违背承诺

违背承诺，指的是卖家未按约定或淘宝网规定向买家提供承诺的服务，妨害买家权益的行为。

（1）卖家违背发货时间、交易价格、运送方式等承诺的，须向买家支付该商品实际成交金额的 10% 作为违约金，赔付金额最高不超过 100 元，最低不少于 5 元，特殊商品除外。卖家未在淘宝网判定投诉成立前主动支付违约金的，除须向买家支付违约金外，还须向淘宝网支付同等金额的违约金。情节严重的，还可采取扣 A 类 6 分、下架商品、删除商品等措施。滥用上述规则发起赔付申请的，淘宝网不支持赔付。

(2)卖家违背交易方式、服务承诺的，每次扣 A 类 4 分。

(3)卖家违背特殊承诺的，每次扣 A 类 6 分。

二、重复铺货

对于不同的商品，必须在商品的标题、描述、图片、重要属性等方面体现商品的不同之处，否则将被判定为重复铺货。在使用淘宝助理的时候，使用复制、粘贴宝贝功能，会导致商品高度一致，如两种商品仅重新上传一张不同的图片，标题保持一致，系统可能判为重复铺货而下架该商品。

三、商品标题乱用关键词

1. 发布广告信息

发布商品标题如"无货仅供参考""回收旧手机""本店是代理""外部网址链接×××"等属于违规行为。

2. 信息和实际情况不相符

发布商品标题如"全网最低价""全网销量第一"等，属于违规行为。

3. 商品要素不一致

如商品本是平底平跟鞋，却发布商品标题为"平跟高跟鞋"，商品本是涤棉材质，却发布商品标题为"百分百纯棉"等，属于违规行为。

4. 品牌不一致

主要违规行为如：

(1)堆砌无关品牌。如发布商品标题为"李宁 耐克 特步"等，属于违规行为。

(2)并非品牌。如发布商品标题为"并非花花公子品牌"等，属于违规行为。

（3）比较品牌。如发布商品标题为"比 361 度还好"等，属于违规行为。

（4）属性不相符。如发布商品标题为"李宁"，发布商品属性选择的"其他品牌"等，属于违规行为。

（5）原单尾货。如发布商品标题为"冰雪奇缘原单外贸尾单"等，属于违规行为。

5. 挂靠行为

（1）挂靠明星。如女明星杨幂代言了某品牌，而卖家出售的是该品牌的仿品，发布商品标题为"杨幂同款"等，属于违规行为。

（2）挂靠促销活动。如商品标题滥用淘宝官方活动名称等，属于违规行为。

6. 运费不符

如卖家设置商品收取买家运费 8 元每件，商品标题发布为"包邮"等，属于违规行为。

四、典型作弊行为

1. SKU 作弊

SKU 作弊是指滥用商品属性，发布虚假不实的一口价，以达到优先排序和引导点击目的的行为。比如：

（1）将常规商品和瑕疵品、二手货混淆一起出售。比如手机一口价为 2000 元，二手货为 200 元，进行混淆出售。

（2）将常规商品和批发、缺货、附带赠品、需付定金的商品混淆一起出售。

（3）虚假价格。在商品描述中否定发布的一口价。

（4）和配件一起打包出售。比如电动拖把一口价为 200 元，将 10 元充电器作为配件捆绑销售，造成前端显示价格为 10 元。

（5）将套装拆分销售。比如床上用品四件套，拆分为床单、枕套、被套销售。

2. 更换商品

比如利用9.9包邮出售"9个任选不同款式的发夹"，达到了一定销量之后，更改商品标题、更换商品图片、修改商品属性和描述、修改价格发布商品为"199元的时尚女裙"。

比如卖巴西松子，之前是以1千克计量出售，现在修改为以500克计量出售。

3. 虚假交易行为

（1）卖家发布提高信誉度的商品。比如纯信息无载体商品（电影《哪吒之魔童降世》的下载方法、刷QQ空间人气的方法等）、发布低价商品（免费获得商品、一元内虚拟产品）等。

（2）卖家炒作信誉度。比如朋友、同学、家人线上虚假购买，同一个公司内部多账号购买，卖家自己注册小号购买，利用第三方炒作，等等。

Part 2

开店流程
——手把手教你开出个性店

第一节 货源准备：如何淘到物美价廉的宝贝

了解了网上开店的流程和基础知识之后，你就可以筹备网店开张事宜了。前面提到过，新店开业不可以利用虚拟产品来提高信誉度，所以在开店之前要解决的最重要的问题，就是货源。有一则关于淘宝开店的笑话：淘宝卖家招聘运营总监，问应聘者"你懂淘宝运营吗"，应聘者答"一元包邮卖一个月"。虽然是一个玩笑，但是足以让你意识到淘宝卖家的竞争有多可怕。不说"一元包邮卖一个月"，夏季的时候，T恤9.9元包邮销售的淘宝卖家大有人在；冬季的时候，24.9元一套的品牌保暖内衣同样比比皆是。这也就意味着，倘若没有稳定的低价货源，淘宝店便难以生存，更别说实现盈利了。

在确定货源之前，你需要搜索一下准备提货的商品在网上销售的终端零售价格。如果你准备做库存销售，那么，这一点就尤为重要！有的人通过搜索就发现一个问题，原来自己批发过来的同款商品的进货价格居然比淘宝的零售价格还要高，而且买来之后一对比，竟然发现和自己手里的商品品质一模一样。其实，这样的事情不足为奇。因为实体工厂自身运营出现问题，可能会导致换季清仓、订单尾货、客户撤单、倒闭拍卖等情况发生。每天都有工厂开张，也必然会有工厂关门。这些库存商品由于各种原因被以远低于成本价的价格销售，别人买到了放在网上销售再合适不过。而你去实体店拿货，店家需要支付不菲的门面租金，其给出的价格肯定会比出厂价高出许多。

一、直接向工厂订货

几年前,你只要懂上网,有耐心开通网店,能运用一些简单的关键词设置规则,会使用支付宝,无论到哪里进货都可以在淘宝做生意。而现在,你到批发市场里批发拿货,其价格可能比淘宝里的零售价还要高。因此,选择商品务必向"一手货源"靠近,这样既可以减少中间环节,降低进货成本,更易实现盈利,又可以让买家淘到便宜实惠的商品,为买家谋福利,更重要的是,它是一家淘宝店铺持续做大做强的基本保证。

实行零库存管理模式的工厂,是不生产现货的。他们通常只有在接到订单之后,才会安排生产。然而,在生产过程中因为质量问题,导致对订单的生产数量把握不准确,会造成多生产或少生产的现象。其中,多生产出来的产品就会流入"尾单"。此外,当客户要求苛刻时,工厂在自检流程中发现无法通过验货要求的问题产品,也会重新加工生产。

做外贸出口的工厂可能经常遇到这种情况:产品因某些细节没有达到客商的要求而需要全部重新进行加工。这些细节可能是某些尺寸没有达到标准、某处颜色和样板颜色不一致、未能如期交货等。事实上,这些未达标的项目并不影响产品的正常使用。

很多工厂对于这些产品的销售显得无能为力,在有人订购这些产品的时候,工厂为了周转资金,往往会进行保本甚至亏本销售。很多贸易中间人就是通过不断寻找工厂拿尾单做生意的。他们拿了客户的资金之后寻找厂家,然后通过低于成本价的价格收购尾单产品,再将其销售以谋取利益。这些尾单同样是淘宝卖家进货的首选。

Tips
想方设法找工厂尾单

你可以通过各种渠道来寻找这些工厂信息。阿里巴巴(www.1688.com)上就汇集了大量的工厂信息,拿起电话向工厂联系人咨询洽谈,或者在阿里旺旺上直接询问都可以。还有很多人选择实地走访工厂。另外,你还可以去广交会等大型展会看看，参会的基本都是很有实力的工厂。

二、大型批发市场

在小规模、不集中的批发市场里，往往采购不到合适的产品。大型批发市场里的价格才相对有优势。

你可以先定做几盒名片，这样在订货的时候可能获得更好的商家服务。很多商家都非常有经验，三言两语便可以听出来你是来套价还是来采购货物的，如果几句话听不出采购的实际需要，可能他们就不会搭理你了；如果你说想在淘宝开店代销他们的产品，很多商家可能不愿多谈。当然这不是绝对的，有些热情的批发商家甚至会和你促膝长谈。如果你持有名片，上面写有实体销售门面店铺名称，他们的态度可能也会有很大改观。这大致就是批发市场的卖家接待模式。

> **Tips**
> 带着名片去批发市场

还有很多的淘宝卖家刻意租用市场里面或附近的房子，那么，和那些商家的关系就可能好很多了。即使自己去拿一两件货物，他们同样也会乐意按批发价销售。

关于全国大型批发市场的资料，你搜索一下就可以找到，比如义乌的小商品批发市场、浙江中国轻纺城、沈阳五爱市场等。大型的服装批发市场有武汉汉正街、山东即墨、江苏常熟、福建石狮、湖南株洲、辽宁西柳、河北白沟、杭州四季青、广州白马、虎门富民等。

三、淘宝货源中心

淘宝卖家中心的后台左侧分类有一个"货源中心"可以供卖家进行采购分销。

货源中心有四项类别，分别是阿里进货管理、品牌货源、批发进货、分销管理。"批发进货"打通了淘宝和阿里巴巴账户，实现了注册会员跨站账号之间的通行。

阿里巴巴是全球企业之间的供销平台，然而，很多商家在阿里巴巴也干起了零售，他们把阿里巴巴这个批发市场当成淘宝的第二战场。也有很多淘宝买家去阿里巴巴买货。阿里巴巴的交易流程和淘宝一样；商品在流量分配的某些程度上也是一样的，阿里巴巴的很多商家一样存在刷信誉度的情况。因此，在阿里巴巴进货一定要小心谨慎，千万不要鲁莽地一次性进货过多，以免造成交易纠纷和损失。

如何识别网上的货物是不是自己需要采购的货品呢？

1. 以成交情况判别阿里巴巴商家是不是存在严重的刷销量情况

以女装为例，某连衣裙的商品属性有颜色和尺码，那么在成交的记录中，可以观察和分析是不是有大量人为造假的数据出现。比如，不同淘宝账号采购的数量大量相同，采购的尺码、颜色大量相同，同一个淘宝账号反复地采购或者同几个账号轮番重复采购等。

2. 以评价情况判别阿里巴巴商家产品品质如何

很多商品出现清一色的5分好评，反而让人质疑，有一部分带文字的评论，如"物流太慢"等批评性质的评论反倒让人觉得真实。留意是不是有大量诸如"样品和大货不符"的评论。

3. 拿小样看品质

很多阿里商家提供了免费拿样的政策，即先付费购买样品，后续下单抵扣样品费用。拿样是非常重要的一个步骤，样品可作为后续采购的一个参照样本。

4. 看售后政策

在多方位考察了商家之后，还得仔细询问商家的售后政策。尽量使用阿里旺旺进行提问，获得官方认可的交谈凭证。使用QQ、微信等方式进行的谈判，在举证时并不获得阿里的认可和支持。

习惯使用采购合同，将可以更多地保护自己的权益。阿里巴巴商品页面由商家制作完成，商家有可能人为地规避一些合同上面必要的条款，而买卖双方可能存在私下的一些协议，如果双方不签订采购合同约束彼此的责任和义务，那么在商家不违反阿里巴巴交易准则的情况下，只能以商家发布的商品网页显示的内容为合同标准！

采购合同一般包括以下基本内容：

（1）甲乙双方的名称：甲方一般是采购方，乙方为阿里巴巴商家认证的名称。

（2）采购标的：采购商品的名称、规格、重量、材质、花色、数量、单价（是否包括产品包装辅料）、总金额。

（3）包装辅料要求：标签、胶袋、纸箱／编织袋、唛头信息。

（4）运费：货物配送地址、使用何种运输方式、运费谁负责。

（5）交货日期：出样日期、大货日期。

（6）品质约定：一般性原则为商品对应的中国行业标准，特殊要求需要在合同中体现。

（7）付款约定：需要支付的定金比例／金额、在何种情况下需要甲方支付尾款。

（8）违约责任：违约责任大约包含的几点要素是——因延迟交货，乙方需要承担的赔偿；品质问题如大货和样品材质、颜色、规格、重量等不相符，以及混入残次品乙方需要承担的赔偿；甲方不按期接收货物或货物无争议而甲方拒不履行付款，甲方需要承担的赔偿，等等。

合同需要双方盖章签字，多页合同需要盖骑缝章，合同签订后上传阿里旺旺作为交易的线上仲裁依据。

服装是淘宝商品最多、成交最多的类别。网上有太多的店铺销售伪劣产品，挂出来的模特试穿照片高端大气上档次，实际发出来的货物却是粗制滥造的伪劣水货。因此，对于淘宝店主来说，找到一家好的供应商，才可以让自己安心售卖。

而在对外贸易中，比如开通阿里速卖通的卖家，通过速卖通签订到了国外订单，再将订单发到供应商（工厂），采购合同就极为重要，诸多细节的失误很容易造成生产方面的差错，导致国外客户不认可订单。

四、代理销售

代理销售无须进货资金，不需仓库，却受制于人。由于看不到实际产品，无法控制发货和库存，其弊端也是显而易见的。

虽然代理存在的问题相当突出，但是从事代理的卖家仍不在少数，而且也不乏大卖家，甚至一些天猫卖家都是代理卖家。

做代理，需要特别注意几点。

1. 发货问题

始终把发货问题摆在第一位。在淘宝购物，买家很看重是否能够及时发货，恨不得自己刚付款，卖家就要马上把商品送去快递公司进行投递。

2. 退换货运费

确定退换货所发生的运费由谁负责。比如，如果产品有瑕疵，导致买家要退货，那么，来往的运费就要由发货方来承担。

3. 代理平台系统性能

必须保证代理系统的便捷性。代理平台最

> **Tips**
> 做代理，也要"货比三家"

好可以整合淘宝卖家，实现一键发布，或者有完整的商品发布安装包。如果平台连最基本的技术支持都没有，那么，这样的平台基本就没有发展的可能。

4. 代理保证金

如果没有绝对的把握，不要相信提交保证金进货的要求。

在后面的章节中，我会对代理销售进行重点解读，帮你实现无货销售赚钱的梦想！

五、充分利用自身和身边的资源

除了淘宝明令禁止发布的商品，你能想到的商品都可以在淘宝网售卖！这里不是说那些无厘头的奇葩产品，而是告诉你开动脑筋，把身边的一些触手可及的资源变卖为货源。

炒菜的师傅，到了网上不就是"饿了么"外卖店店主了吗？

开车的师傅，到了网上不就是"滴滴打车"车主了吗？

做图片设计的师傅，在网上彼此交流作品，不就是"昵图网"设计师了吗？

只要你愿意学习，愿意尝试，即使你是墙漆工人，也可以开一家豪华的装修淘宝店！淘宝开店，不局限于女装、手机、玩具等，淘宝不仅可以卖产成品，还可以卖半成品；淘宝不仅可以卖实物商品，还可以卖一技之长。

货源可能就在你身边，可能就是你自己！

说到墙漆工人，我还真碰到过工人开店的案例。

一个小伙子三十多岁，高中毕业之后随父亲学习做墙漆和安装墙布等装修工作。平时，一般都是装修公司接到了活之后，叫他们去施工，工资按照承包面积来协议。干了这么些年，他也没觉得有什么不妥当。

有一年，我接到了一个小的施工工程，就遇到了这个小伙子。为了监督施工质量，我一直待在施工现场。这小伙子对人比较热情，做事情比较麻利，对新事物也有好奇心。休息的时候，他过来和我搭讪，交谈中我告诉他我出版过淘宝开店的图书，他用崇拜的眼神看着我，毫不犹豫地通过淘宝App买了一本。我看这小伙不错，很爱学习，就告诉他，其实他可以利用自己的特长和资源，也在淘宝上面开一个装修店铺。

比如装修公司店面接单的价格是20元/平方米，给施工人员6元/平方米，材料费4元/平方米，它的毛利是10元/平方米。此外，它还需要承担店铺租金、人员工资福利、国家税收等费用。你在淘宝上面开店是免费的，你的发布价格是16元/平方米，你的成本也是10元/平方米，但是你没有其他的成本，归你自己的一份就是（6+6）元/平方米了。

很简单的道理，就是你请了一个不要工钱的人帮你干活，一个人做得双份工资。而房主原本要出20元/平方米，到你这里只要16元/平方米，只要你保证质量，房主不是很高兴吗？你做得好的话，他还会介绍生意给你，你给他一些优惠和礼物，这样一来一回的，生意不就越来越好了吗？

他有点半信半疑，但是充满了兴趣！人最怕的是同一件事情干多了、干久了，脑子就不转了，保持对新事物的好奇才能让自己更好地生存下去。他还向我讨教了一些开店需要的技巧。我对他说，比如，他在施工墙布的时候，多拍一些照片，录制点现场施工的视频，在以后开店时就有了很多素材可以选择；很多装修公司注重的是装修后的效果，他则可以增加一些现场施工图证明他的装修效果不是虚拟的；还可以总结一些这个行业里面简单但房主又不知道的猫腻，以此说服房主他是一个良心商家……

几个月之后，小伙子发了一条消息，说自己在淘宝接到了第一个施工工程：一套房子的墙布装修，纯利润30元/平方米！

后来我也不知道他是不是继续在做淘宝。这个小故事，兴许可以启发你的一些思维，想想自己如何运自己和身边的资源。

第二节　网上开店：开店的准备工作和流程

一、开店的基本流程

在淘宝开店的流程比较简单。虽然各个时期淘宝会调整开店的规则和程序（比如增加开店考试，只有考试合格者才可以开店），但基本的流程不会变更，大致分为四个步骤。

第一步：注册淘宝账号。

第二步：注册支付宝账号，并与自己的淘宝账号绑定，完成支付宝账号的认证。

第三步：手持本人有效身份证拍照认证。

第四步：上传商品，创建属于自己的网店。

对于新手开店，淘宝上有非常详细的步骤引导，你只要根据网页的提示操作，即可完成网上开店的步骤。

二、开店的硬件配套

个人开店所需的硬件为一台电脑即可，视情况可以增加一部相机、一块至少70克/平方米的白色无纺布，用于拍摄自己的商品图片。

无纺布是一种柔软、可折叠且价格低廉的新一代环保布料，用来做拍照的背景布非常合适。白色背景拍照可以大大减少图片的后期处理工作。在淘宝上就可以买到这种无纺布。

很多人开网店，总是盲目地憧憬未来。店铺还没有开起来，便财大气粗地购置各种各样的硬件；有电脑也要再买全新的，有照相机也要买单反，拍照用的各种各样的灯具、模特一应俱全地买或请了进来。结果，还是拍不出理想的照片，修不出合格的图片。在淘宝开店，赚钱并没有想象中的那么容易，你必须根据实际需要购置必备的硬件。我相信，不管是个人还是团队创业，节俭都是必要的。

三、开店的软件配套

电脑中需要安装的软件有官方的千牛、淘宝助理；手机中需要安装的软件有千牛。千牛是重要的交易管理和在线沟通工具，淘宝助理是在线编辑、管理、上传商品的工具。

另外，还需要安装图片处理工具，比如 Photoshop、美图秀秀等。

四、注册一个好名字

淘宝的账号一旦注册了，就不能再修改。有很多卖家一开始注册账号的时候比较随意，之后又嫌弃自己的账号晦涩难记，想更改已经晚了。

那么，应该注册一个什么样的用户名呢？

1. 短而好记

淘宝已经存在十几年了，以成语、古代名人等命名的账号，基本都无法注册了，两个汉字的短账号更是在很多年以前就无法注册。多少个字符为短？短是一个相对的概念，没有一定的规定，关键还是在于好记！有人根据自己的名字加上生辰年份等，比如，"张宇轩"生于 2001 年 3 月 20 日，他可能就把账号注册成"zhangyuxuan20010320",这样注册目的并不是服务于买家,而是服务于自己,非常不可取!

2. 朗朗上口

不要使用生僻文字,尽量使用常用字词。如"大唐书店",既大气又容易被记住。

3. 和所售商品相关联

比如账号为"彩妆",很容易让人联想到这位卖家所售商品为化妆品。当然你要考虑以后是否会变更经营方向,否则名叫"彩妆"却卖起小家电,就会让人觉得很古怪。

而如果是彩妆卖家,"彩妆"两字的账号已经不能注册了,就可以注册成如"斩男彩妆"等。

4. 尽量使用汉字

不要夹杂数字和字母。注册账号的时候淘宝往往会提醒"账号已经被注册,建议注册××××账号",没有必要理会它的建议,按照本书提示的这几点再尝试注册新的名字即可。

> **Tips**
> 账号应短而好记,最好不要夹杂数字和字母

五、开店要不要选吉日

提出这个问题,不是为了倡导迷信,而是为了让你能够认真思考一个问题:你是否真的已经做好开店的准备?不要在自己一无所知,还没有具备必要条件的情况下,就去创建自己的店铺。

下面几个问题,如果你的答案全部是肯定的,那么你就可以开始创建店铺了!

> **Tips**
> 开店之前必须充分考虑八个问题

（1）是否考虑了货源问题？要卖什么产品？能否及时发货？如果是代理销售，是否完全清楚代理的流程？

（2）是否知道如何为你出售的商品命名？如果打算用简单的几个字就应付，那么，请你先仔细阅读本书。

（3）是否掌握了推广商品的基本技巧？如果仅仅采用"守株待兔"的做法，那么，你很有可能连兔子毛都难以捕捉到。

（4）是否认真思考过如何编写自己的商品描述，以及如何拍摄并编辑相关的商品照片？

（5）是否已经和当地的快递公司签订了淘宝店主优惠发货协议？

（6）是否了解网络骗子专门针对新手卖家而设置的各种陷阱？在骗子利用新手卖家急于求成的心理时，你是否会留个心眼而不中招？

（7）使用的电脑是否安装了支付宝数字证书以保证你的资金安全？

（8）如果准备入驻天猫，你是否进行过风险评估，是否充分了解关于发货时间要求、发票要求等的强制性规定？

第三节　做一名合格的淘宝客服：理解淘宝的"亲文化"

多年前，人称"淘宝客服是万能的"，这话真的没有夸张。那时候，单打独斗的淘宝客服就是淘宝店老板。他们能够不花一分钱，装修出一个个网络虚拟店铺，他们用智慧、用汗水、用时间、用心酸谱写了独有的淘宝文化，他们是互联网新时代革命力量，以对新事物的好奇对抗传统的店面。而最终，他们也不一定能够成功,但是数十万的淘宝客服让淘宝成功了!

随着淘宝网的日益强盛,淘宝店铺主力军也从个人店铺逐步演变成团队店铺,淘宝客服的定义也发生了变化,由"全面"细分到了"精通"。

要开淘宝店铺,首先要知道如何做一个淘宝客服。做淘宝客服,可以说要克制自身的脾气,记住一个字——"亲"。过来询单的全是亲爱的"亲"、亲人的"亲"。这就是淘宝"亲文化"。

一、淘宝客服的工作分阶段和分类

淘宝客服的工作,大体上分为三个阶段,分别是:

售前:买家询单前的所有工作阶段。

售中:买家询盘到买家付款完成的工作阶段。

售后:买家付款完成后的工作阶段。

淘宝客服工作,大体上有五个分类,分别是:

(1)行政综合类:实控人/投资方等店铺决策人负责店铺运营的大局方向如经营产品、投资预算、文化思维、定价策略等。采购部门协调商品的加工、采购交期到位、品质把控。行政部门工作还包括制定店铺规章制度、工序流程的拟定、员工队伍的稳定(招聘、培训、考核、协调、提升、激励措施)等。

(2)设计文案类:负责店铺的风格设计、商品页面制作。与普通公司设计和文案工作不同,淘宝店铺类的设计文案工作应结合得更加完美。设计满足的不是某一单个客户,而是更多的客户。商品描述文案是根据素日买家的在线提问总结出来的。好的设计文案,可以大幅度减少在线客服的工作和压力,其重要性越来越大于在线客服。

(3)推广类:淘宝客服最核心的工作当属推广工作,这决定了一个店铺是否可以持续运营。简单地说,没有推广就没有成交,没有成交就只能死去!

(4)在线客服类:直接使用阿里旺旺等在线聊天工具和买家对话,实现订单由询盘到付款，也就是狭义上的淘宝客服。

（5）发货售后类：根据付款订单及买家备注要求进行发货，并处理售后调换、退货、退款等工作。

二、售中客服的基本素质

1. 有礼貌且尊重买家

你可能经常会遇到很有礼貌的买家，他们来买你的东西都尊称你为"您"，向"您"问好，那你难道还不能跟对方说一句"您好，亲"吗？曾听一个卖家抱怨说："这买家太让人揪心了，给了我一个中评，评价里面的内容写的居然是'连个亲都不说'。"我并不同情这样的卖家，甚至想讥讽他一句："你那是自作自受！"

作为一个淘宝买家，可能会经常碰到这种不懂基本礼貌的客服。你对他说"你好，买你家的冷风机需要另外购买冰晶吗"，对方就只

> **Tips**
> 对买家有礼貌，摆脱"冤枉"的中评、差评

冷冷地扔给你一句"不要"。虽然他给你的是你需要的答案，但是有了这样的对话，你会如何评价客服的服务态度呢？或者你不劳烦客服，直接拍下了商品并付了款，他们还可能会找上你，丢给你一句"没圆通快递，指定快递要补5块钱"。对于这样的卖家，买家往往在确认要购买其商品时，就已经暗下决心在收货的时候要给中评或差评，甚至动态评分也全都只给一颗星了，而这些差评基本上与商品本身的品质与价格毫无关系。

糟糕的是，像这样的卖家客服还为数不少！

作为客服，即使再忙，也不可以忘记最重要的开场白——"你好""您好""亲"。哪怕是在与陌生人打交道的过程中，这也是最基本的礼貌，更何况与你的客户打交道呢？

基本礼貌的缺失，尤其表现在阿里巴巴中国站的商城客服上。如果你是

一位采购商，肯定会对这一点深有体会。要知道，买家需要得到的不仅仅是性价比很高的商品，还需要得到最基本的尊重。

诸如"随便你""你去其他店铺就是了""有什么事情你说"等措辞，都会体现出一个人不讲礼貌、不负责任，也会让买家觉得很不爽。礼貌，可以说是淘宝客服的底线！

2. 能熟练掌握淘宝交易流程

熟练掌握淘宝交易流程是一个淘宝客服必须具备的基本业务素质。具体包括交易不涉违规、完成价格协议后的商品改价、及时准确的批量发货、处理退换货物、好评返现的支付宝操作、避免被诈骗等。

3. 对所售商品的相关专业知识了如指掌

一个好的销售客服往往对自己的产品了如指掌，能以其掌握的专业知识获得买家的信服与认同。比如，电子类客服应该知道，手机内存卡不能被系统识别并存储应该如何破解；电器类客服需要知道，网络电视机顶盒升级之后出现问题应该如何修复，如何让人体感应开关在白天不感应亮灯，或者墙壁开关装在瓷片墙体上需要多长的螺丝钉；服饰类客服在得到买家身高、体重数据之后，能针对某款商品给出尺码购买建议，并能对自己的建议负责；鞋类客服要能帮助买家辨别各类真皮与人造革，并能告知其如何保养真皮皮鞋等。

> **Tips**
> 比买家懂得多一点，留住客户多一些

三、售中客服如何以正确的心态和买家线上交流

以前易趣购物是没有聊天工具的，买家只能凭商品文案来选择是否购买，这一套在中国却行不通。行不通的原因很多，比如卖家对商品的描述不够精准，又比如拍照的工具限制、网络存储图片的限制、网络带宽访问速度等，这就

导致仅仅靠简单的商品描述不仅不能触发购买的欲望，还容易让买家对商品产生怀疑和不信任。

后来，淘宝诞生，有了在线即时对话工具，在那个信息相对闭塞的年代，一边在网上看商品还可以一边和店主聊天，显然给网络购物增添了极大的乐趣和新奇感。生意是谈出来的，对于淘宝网的成功而言，阿里旺旺所带来的即时通信功能功不可没。

生意要怎么谈，怎么做一个金牌客服，让询单转换为成交，其实是一门很大的学问，涉及很多专业，最神奇的莫过于心理学！

举一个例子，也许你去实体店铺买衣服，和店家还价，发生过以下几种情况：

第一种情况是，店家立刻应允了你的还价，你觉得这下买贵了，搞得没了好心情。

第二种情况是，还价的时候，店家不应允你的还价，价格没谈拢，你转身离开，店家又叫你回来，对你说"就那个价格卖给你好了"，你觉得很满足，在这个谈判中你赢了。

第三种情况是，你转身离开，店家并没有叫你回来，店家笃定了你会掉头回来，结果你在外面转了一圈，回来按照店家的价格成交了。你心里还是很痛快的，因为这件衣服你真的很喜欢，店家没叫你回头，说明价格也到了店家的底线。

其实这些就是买卖双方的心理战术。

第一种情况，店家是不太会做生意的人，属于头脑简单型的。不那么着急答应价格，或者磨一磨时间，或者要求再加一两块钱，或者装装无奈和可怜，都会给买家不同的满足感。

第二种情况，双方其实在打心理战，最后的结果没有输赢，生意做得还算灵活。

第三种情况，店家是心理战高手，察言观色，善于分析，买家可能会成为这个店的粉丝并经常光顾。

线上交易其实也涉及心理战术，但是不见其人不闻其声，卖家单凭即时通信就要迅速对买家做出相应的判断，看起来似乎比实体店更难猜测买家心理。其实不然，通过以下学习，你可以更快地掌握技巧来应对买家。

1. 对买家进行分类

要分析买家的心理，就要对买家先进行简单的归类，然后针对不同的类别快速做出反应。

（1）根据买家发起交谈的目的进行分类。

①疑问型买家。

买家对商品页面描述看不懂、未看清、没看到或问题超出了页面描述范围，带着疑问进行对话。

A. 看不懂。

看不懂的原因可能是商品文案表述有问题，要么是没有给出百分百肯定的描述，要么是对商品进行了过度专业描述（未使用大众化语言），也可能是买家自身的文化层次限制了其理解能力。

例如，去实体店购买灯泡的时候，老板需要确认你要大螺口的灯泡还是小螺口的灯泡。卖家在网上出售灯泡，则需要填写商品的属性。灯泡接口的具体规格如E14、E27、E40、B22，卖家自然很清楚这些规格对应的是哪种接口的灯泡，但是有一部分卖家却忽略了，买家并不一定了解这些规格的含义：E表示的是螺口，B表示的是卡口，14等数字表示的是螺纹外径大小。通常所说的大螺口指的是E27，小螺口指的是E14。

如图2-1所示，卖家描述灯泡的规格显得非常清晰：不仅商品图片中标记E27大螺口，还备注了文字描述。

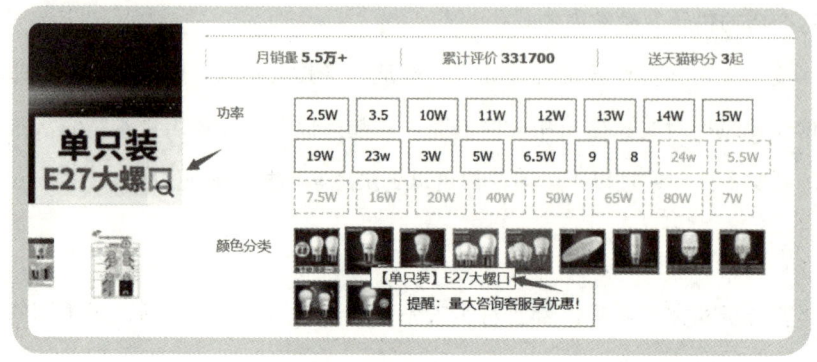

图2-1

根据灯泡卖家所发布的商品描述,可以给他们的描述清晰度打分。

0分:规格混淆不清。如商品标题中同时出现E14、E27等,颜色分类中却不描述对应的规格。

1分:商品属性中灯头接口(灯头型号)中填写正确,商品标题未明确接口规格。

2分:商品标题和灯头接口属性相符。

3分:颜色分类用中文字或者图片清晰地注明了灯头接口规格。

4分:灯头接口规格和俗语称谓(大螺口、小螺口等)一起出现在颜色分类中的文字或者图片中,但是颜色分类过多,如大功率(常用于工厂照明)的E40和小功率(常用于生活照明)的E14/E27混淆在一起、螺口和卡口混淆在一起、单只装和5只/10只贩量装混淆在一起、奢华金和雅士银(灯泡外边金属电镀颜色)混淆在一起、尖泡和蜡烛拉尾混淆在一起。

5分:灯头接口规格和俗语称谓一起出现在颜色分类中的文字和图片中,颜色分类数量恰到好处。

又例如,对于一件T恤的材质描述,卖家使用的是"棉质",买家也会有诸多疑问:这个棉质是纯棉还是部分棉质?部分棉质的话,含棉比例是多少?其他非棉的材料又是什么?尤其是在选择婴幼儿贴身衣服的时候,材质是否纯棉更为妈妈们看重!如果这款T恤是百分百棉质,有部分卖家描述其材质为"纯棉",也会有不少妈妈们存有疑问:这纯棉是不是百分之百?所以,有部分卖家对材质的描述变成了"100% 纯棉"。但是即便如此,还是会有细心妈妈提出质疑:卖家所说的 T 恤为 100% 纯棉并不属实,为什么?很显然,衣服上面的缝纫线、印刷油墨、领标等部分也是属于该商品的,这些地方并非纯棉,怎么能说这件衣服是"100% 纯棉"的呢?这样,有的卖家在进行商品材质描述的时候,就成了"100% 纯棉(装饰物除外)"。

这种情况并非中国特有,国外也有很多这样的情况,简单地将材质描述为"100% COTTON"可能惹来消费者的投诉索赔,所以国外的服装类商品,一般都缝制了很多个标签。如迪士尼产品,有迪士尼的公司标,有该公司动漫电影的子品牌标,有经过检测的产品成分标(标明每种成分的比例,不是纯棉的并不要紧,但是要精准地描述出来),还有洗涤要求的标,等等。

有卖家则更加细致地对材质加以描述,向买家图文并茂地讲解简单地辨别是否纯棉的"燃烧法":随机取少量材质进行燃烧,如果不冒烟,不出现扭曲,无异味,燃烧后的灰尘细腻无小颗粒,则为纯棉。买家不一定就会去抽纱燃烧,但是把辨别的方法都教给买家了,卖家出售的衣服还会有假吗?这种做法,对于卖家增信也起到了一定的作用!

B. 未看清。

未看清的原因可能是设计的文案在图示、文字解说方面不够清晰。

例如,很多人觉得眼镜实体店里面的眼镜实在有点贵,便选择在网上配眼镜。眼镜由镜框和镜片组成,为了集中销量提升单品的排名,卖家会把多款镜框、多款材质的镜片放在同一个商品里面,这样造成了价格的区间拉大,起始价格几十块钱,可能指的是一副镜框(无镜片)的价格。访客只看到价格低廉,往往在繁杂的信息中未能看清楚其条件。因为在颜色选项中,卖家并没有非常清晰地说明是无镜片的。

C. 没看到。

没看到的原因可能是文案使用过多无用信息,没有突出买家较为关心的问题。有的卖家在进行商品描述时，忽略了买家关心的问题，主观臆断，将自己的想法强加于买家，说了很多，让买家在杂乱的图片和文字中寻找信息。

D. 问题超出了页面描述范围。

问题超出了页面描述范围的原因可能是，卖家未能总结到买家所需要的信息。

举一个非常典型的例子，每单成交之后，卖家都需要发快递进行商品派送，一般情况下，城市里面的快递服务业是比较发达的，而对于乡村来说，则有些不在快递的派送范围之内，那么乡村买家对于快递的选择问题是非常重视的。不少卖家却忽略了这个问题，没有对快递的分配进行说明，导致买家带着疑问询单。

此前提到了，淘宝的成功，阿里旺旺对话模式购物起到了至关重要的作用。在网购发展初期，确实如此；但是随着网购风潮席卷大江南北，走向成熟后，对话模式反而逐步成为快速成交的一种阻碍。

疑问型买家不再抱着类似交友、打发时间的心态和你交流，他们的目的非常单纯，就是针对商品发出疑问。

减少疑问型买家的数量，主要靠的是设计文案！成交量相同的情况下，咨询买家越少，售中客服工作压力越小，说明设计文案做得越好。

解决的方案其实很简单——

第一步，针对热销商品进行逐日统计分析。统计每天的单品成交量、自助下单付款成交量（未发起旺旺对话）、发起询单并成交数量、发起询单未成交数量。统计以上数据，作为论证调整之后的方案是否有效的依据。

第二步，针对热销商品进行客户疑问统计分析。把客户提问的疑问点罗列出来，比如今天涉及快递选择问题有多少个客户，有多少个客户提到鞋子上面的铆钉会不会容易掉色，等等。这样，分析出来哪些问题是买家最为关注的，哪些问题是卖家疏忽了的。

第三步，修改和调整客服应对方案。一方面，把统计资料送设计文案进行修改；另一方面，对阿里旺旺及时应答、快速应答内容进行调整。

第四步，验证调整是否有效。继续统计相关数据，看这些调整是否已经降低了疑问询单，提高了自助下单比例。

②确认型买家。

买家已经了解了产品的相关信息，但是出于慎重态度，需要向卖家进行再次确认。

例如，针对发货时间的提问。卖家在商品页面已经承诺24小时内发货，买家也看到了，实际上买家并不着急拿到这个商品，但是，买家还是会在阿里旺旺上面询问"老板，今天会发货吗"。

这类买家又大致分为两类，一类是自我再次确认，一类是强迫依赖确认。

前者在不能即时获取肯定答复的情况下，会再自行阅读商品页面，对自己的判断做出确认，放弃等待客服回答进行下单付款。

后者有一种焦躁感，如果客服不在线或者未即时答复，他们会放弃或者暂时放弃在该店铺购买。

这类买家是最容易打发的，他们仅仅是为了一个安心而已。快速响应，安慰、宽心、放心、肯定之类的回答就可以满足他们的心理。

③还价型买家。

这类买家看中了某件商品，总会过来还还价，不管还价是否成功，问一问总是不会错的。

在有淘宝商城（天猫）之前，淘宝只有C2C集市店铺，都是个人的零售业务。这和实体小店模式是一样的，议价模式非常普遍。店铺的流量是比较均衡的，不管大小店铺总会输入一部分流量，总会有买家过来询价，这也是最考验客服（店老板）技能的时候。

部分有经验的买家已经知道，天猫里面是不能还价的，因为天猫卖家客服不能在后台修改价格，但是也有买家来还价，客服你不能改价，送点礼物也是可以的。

根据还价的不同程度，可以把还价型买家大致区分为几类。

A. 薄脸皮买家。

他们只会尝试性地还价，希望自己能成功，但是并没有抱多少希望；在遭到拒绝之后，就不会再继续还价了。

B. 有还价能力的买家。

他们在被拒绝还价后，依旧三番五次地要求好歹便宜一些。接下来就会提出：不包邮的商品能包邮吗？快递费能不能少点？多买一件能不能便宜？我介绍客户给你们，你总可以便宜一点给我吧？是不是可以抹掉零头？五块钱的零头不抹掉，五毛钱的零头抹掉总是可以的吧？

如果在还价攻击下，你妥协了，承诺便宜一点，那么第二轮的还价又会跟着来了。他们在成功还价之后，往往都有一种得意扬扬的心态，觉得自己口才了得，可能还会向同事炫耀自己的还价本领呢。

面对这么厉害的角色，卖家可以采取几种级别对策来应付。

起始还价阶段：委婉谢绝。使用官方套话谢绝还价，比如："亲，小店商品利润微薄，谢绝还价哈！"

升级还价阶段：推诿谢绝。表明自己仅仅是客服，没有权限修改价格，比如："亲，价格是老板钦定的，小的没有权限修改价格哈！不要为难小的啦！"

持续还价阶段：假托请示。为了满足买家还价要求，维护客户尊严，客服准备去找领导（老板）谈下。这种方法是比较有效的解困模式，不管你的店铺角色是真实的在线客服，还是既是客服又是老板的"光杆司令"，都值得一试。假托请示领导的方法，既照顾了买家的心理需求，又给自己开辟了一条解困之路。

每个团队店铺都会对客服做出修改价格方面的要求，基本上归结为不议价、请示议价和规定浮动价格三种模式。规定浮动价格是允许客服根据实际情况自行把控一定范围内的改价权利。

为了不掉单，客服是要避免真正去请示主管领导的批示的，团队内部达成了共识，即可让买家稍等一下，自行给出请示结果。

到了持续还价阶段，一般还是建议客服做出部分让步，如果确认规定不议价，可以提出为买家申请小礼品作为弥补，或承诺买家在收货好评后给其返现（淘宝并不允许诱导好评，注意规避政策规定），以避免买家向第三类厚脸皮买家转化。

C. 厚脸皮买家。

如果卖家坚定又"无情"地拒绝还价，这类买家往往会对店铺展开报复性行动，包括：

a. 拒签包裹。

买家无任何理由就可以拒签包裹，并在后台申请全额退款，以此让卖家损失快递费。卖家包邮的商品，价格包括了商品价格和物流价格，买家申请全额退款，交易容易陷入纠纷。如卖家拒绝全额退款，则需要浪费诸多精力和买家进行沟通，最后即使得到淘宝仲裁支持由买家支付物流费用，也要防止买家使用多个马甲轮流报复。

对于这样的情况，建议：第一，卖家可以适当维护自己的权益，和买家做简单沟通，在卖家无任何过错的情况下，拒签包裹是需要买家承担部分责任的；第二，如果买家坚持不同意支付费用，建议放弃物流费追究。

b. 捏造包裹内产品数量不符的情况。

买家称收到的商品数量短缺，客服应对的策略是，不可和买家进行直接冲撞，不可脱口而出"不可能""绝对不可能"，应该遵循先调查取证，后进行解释说明的基本原则。建议：

第一，先行向买家道歉，再解释会将此次数量短缺事件及时向主管领导汇报，根据公司的完整出入库记录、打包摄像头视频记录、包裹称重记录和快递公司内部称重记录比较来获得事件真相。属于公司内部错误的，将进行道歉和补发商品；属于快递公司的问题，将向快递公司索赔。并承诺调查结果将在 N 小时内回复给买家。一般情况，买家对店铺的管理制度并不了解，如确实虚构少数，听闻有这么严格的管理制度，有视频资料可供取证，或多或少会心虚，进而选择沉默不言或选择更改口径，"借口"又找到了。

第二，在买家未主动改口承认数量相符的情况下，客服一定要在承诺回复时间内进行回复。先不要出示或有或无的证据，而是再次道歉让买家久等了，之后再说根据调查的结果，公司已经足额配送了商品数量，建议买家再仔细找找，说不定出现了什么状况，丢失了商品。把缓冲时间交给买家，由其来决定是否要继续纠缠。整体来说，因为买家不是很清楚店铺的管理流程，所以并不会选择以数量短缺作为攻击点。

c. 虚构收到的商品错误。

例如，向客服投诉收到的红心蜜柚是白心柚子。这样的难题，恐怕就让卖家叫苦不迭了。买家把红心蜜柚剥皮吃肉，再在其他地方买一个白心柚子拍照发给客服，是属于比较狠的招。出现这样的情况，你想到什么好的应对办法了吗？

d. 说产品质量有问题。

例如，买家将收到的衣服缝纫口剪开拍照发给客服，讨要一个说法，计划索赔后自行缝上。人心难测，有时候碰到了这类买家，也只能尽量减少损失，坦然面对，笑看人生，坚信接下来的999个买家都会是正人君子。

e. 威胁给中/差评。

所谓的"威胁"，其实是在给卖家最后一次机会，让卖家进行价格补偿，可以算"仁至义尽"——打过招呼了。面对这样的情况，卖家需要根据自己店铺的情况做出相应的处理方案，权衡买家给出中/差评之后对店铺造成的影响。

我们可以简单地把此类事件对店铺后续经营的影响分为上、中、下三个等级：上级为基本无影响，中级为可能有影响，下级为可能有严重影响。而把应对措施分级为不赔偿、折中赔偿、全额赔偿。不赔偿为不管任何情况，都依照淘宝仲裁结果为处理结果。淘宝仲裁将以事实证据为前提，如果买家没有充足的证据，是无法获得淘宝官方支持的，故可能的结果是买家得不到赔偿。同时需要说明的是，在卖家没有违规的情况下，买家取得证据是比较难的。折中赔偿，是根据产品的利润情况结合买家的诉求给出的赔偿方案，也是卖家采用最广泛的方式。全额赔偿，意味着卖家决意损失整件商品来获得买家的理解，反映了中小卖家淘宝开店的心酸和无奈。

要注意的是，不管采取哪种措施，均不要对买家带有"你不就是来占点便宜的吗"这样的偏见。更重要的是，要让这个即将给你差评的买家转头给你5分好评。通过沟通，引导买家放弃威胁，就算给买家折价赔偿，也得让买家在评价时带上好评。

D. 直接给出差评的买家。

有的买家不会和卖家进行任何沟通，直接进行差评。这是买家最常用的反客为主的手法，其目的是让卖家主动来找自己修改评价。事情走到这一步，足以看出买家比较老练，显然对获得赔偿胜券在握。可以说，卖家不做出赔偿，是很难让买家删除或者修改评价的。

以上是针对买家议价不成功而做出的一些不道德行为的应对分析。究其根本原因，是因为买家在遇到这件商品时心中已经有了一个折扣价格，他所做的一切就是为了给这件商品重新定价而已；或者是因为多年来众多淘宝卖家为了消除中评、差评对店铺的影响，经常对产品进行折价赔偿，从而逐步让买家产生了"评价就是价值"的观念。

④犹豫型买家。

这一类型的买家看中了商品，却在买和不买之间挣扎，内心深处还是想下单的，可能又由于"手头不是那么宽裕""是不是有必要一定要买""这件衣服是不是真适合自己"等理由而没有下定决心！

通常这类买家会在交流中不经意地透露出一些端倪，客服需要在这些不经意的言语中精准地让买家做出决定。

比如，买家说："小孩子要买一个鱼缸喂小金鱼玩，但是家里地方又小，买了都不知道放哪里好。"

这时，客服要抓住两个点来交谈，一个是"孩子"，一个是"经济问题"。

这位买家其实面对的问题是：孩子的要求要不要满足？鱼缸买了有没有用？以现在的家境，这是不是必需品？

首先，这是孩子的需求，不是买家的需求；其次，"家里地方又小"说明买家的经济并不是非常宽裕。客服要论证的是，孩子有很多要求，为什么要放弃购买其他的物品却不能放弃购买鱼缸呢？养鱼对孩子会产生什么影响是刺激购买的关键。比如，养鱼可以培养孩子的爱心。而面对经济拮据的问题：现在的孩子要求很多，但并不是所有的要求都可以被满足，有很多东西玩一两次就丢掉，但鱼缸不是一次性的，可以放家里做装饰，鱼缸里有水，水在家里主财运，家中有鱼，年年有余，寓意吉祥。

犹豫型重症买家其实属于比较麻烦的一类客户，他们的麻烦事可以一件接一件，一天接一天。

多年前，有朋友向我吐槽："实在是受不了在淘宝开店了，以前我在淘宝上面买东西还喜欢还下价格，自己开了店才知道，这客服真不是人干的事情，生怕自己多一句嘴就遭到嫌弃！我遇到的买家，一个比一个麻烦。有一个订单从昨天中午一直搞到晚上 11 点。她看中了一双鞋子，但是还不要这双，要款式雷同的另外一种，要红色的，要系带的，不要金属扣的，不要有防水台的。我找了很久才找到她满意的，接下来又是尺码的问题，她说自己 34、35、36 码都可以穿，这个纠结啊，各种尺寸的测量对比，最后敲定拍了 35 码的，没多久又说，拍的是 35 码，让我发 34 码。我以为这下终于搞定了，结果，她又让我少点钱，我拒绝之后，她又让我包邮。我折中少三块钱运费，刚在后台修改完了运费，她又拍下了一双 34 码的。我关闭了之前的交易，又修改了新单的运费，以为这下可以付款了吧，她又纠结使用哪个快递公司，终于敲定了用圆通，过一会儿又告诉我要发韵达。后面好歹付款了，但是接下来说地址留错了，要重新拍，要申请退款……我的个娘亲哟！现在货已经发过去了，真是担心她收到货物之后又各种纠结。"

其实这点困难算什么？人家在你这个名不见经传的小店铺，花了七百多块钱买一双鞋子，这双鞋子的利润三百多块啊！你不偷着乐，还要抱怨！既然你走的是高端品质，那么必定也要提供高端服务。

⑤团批型买家。

出于某种原因，买家需要批量购买商品，这类买家就是卖家的财神。

团批型买家往往存在一些特殊于零买买家的要求，诸如：

A. 价格要求低于零售。买得多，希望付出更低的采购成本。

B. 开具发票。买家可能要求开具有抬头的发票，并且开票金额大于实际支付金额。

C. 定制产品，即根据买家要求来定制加工产品。定做加工的市场需求可能超乎了一般人的想象！曾经有一家公司开设了一家网店（并非淘宝店，而是阿里巴巴英文版店铺），每年支付不菲的店铺费用，持续三年没有接到一个订单，在要放弃的时候，一个来自英国的客户进行了询单，经过洽谈，英国客户专门飞往中国考察了这家公司，签订了这家公司史上金额最大的一单合同——折合人民币一千万，并在以后保持了常年的合作！

客服一天要面对众多的询盘，形形色色的买家、奇奇怪怪的言语，会让人烦不胜烦。但是你需要随时警惕在你的对面，是否已经出现了那个改变你命运的买家。

⑥对手型买家。

你的竞争对手在暗中进行观察，已经在偷偷地考量你的店铺，包括客服反应速度、价格底线等，他在扮演一个情报刺探者，企图获取对他有利的资源；甚至他会通过下单，在评论里面发布恶意诋毁的图文。

客服在和买家沟通中，不应透露任何商业机密，比如进货渠道、价格等。如发现有刺探情报的嫌疑，本着警惕之心，在回答隐私信息提问时要顾左右而言他，或有心误导对手。

⑦孤独型买家。

这种类型的买家会边购物边唠嗑，以排解内心的孤独。

诸多淘宝店铺生意红火，客服无法应对过多的询单，孤独型买家可能不会太乐意选择此类店铺，反而钟情于那些小店。

因此，这类买家是新店开店初期最重要的客户群体。为了日后能够更加稳定地发展，做好买家的档案管理和促进回头客成交将是突破瓶颈的重要手段！

（2）根据买家的消费特点进行分类。

①土豪买家：只买贵的，不买对的，千金就买我喜欢。这类买家的消费是不理智的，他们出手阔绰，在性格方面容易出现两种极端，部分土豪言语嚣张，藐视一切，唯我独尊；部分土豪寡言少语，行为低调，决策果断。土豪光顾店铺，更多的时候并不会发起在线交流，看对眼了就会直接付款买单。所以，他们如果发起阿里旺旺对话，多半可能是对产品有些疑问，需要客服的推荐。

②小资买家：钟情于中、高端的产品，有较强的品牌意识，希望建立VIP会员体系，从而获得折扣、礼品等服务。

③工薪买家：实惠是他们的首选，他们会在购买前看了又看，对比了又对比。客服在给这类买家推荐产品时，应强调性价比、亏本促销等信息。

之所以要对买家进行分类，目的是让在线客服可以根据和买家的对话，通过其语言表达上的差别，将其归为某个类别，快速找到相应的策略去满足买家的心理需要，从而更加快速地达成交易，并获得买家的赞许。

2. 如何获得买家的赞许

如何获得买家的赞许？这需要客服了解一个普通的淘宝买家反感什么。

（1）买家在线提问，客服不能及时应答。所以，在线客服的响应速度至关重要！

（2）对于买家的提问，客服答非所问。买家宁可和智能机器人对话，也不愿意和一个说话牛头不对马嘴的客服交流。买家反感客服明明是血肉之躯，却让人觉得其是冷漠的机器人。

（3）客服无礼貌行为，需要获得尊重。

（4）买家有特殊要求时，喜欢再三强调，不能容忍卖家对于自己的要求未做处理。

（5）卖家在承诺时间内未处理待办事宜，未给出处理结果。

（6）出现问题后卖家持推诿的态度；买家需要对于同一事件进行多次描述！比如，买家每次发起对话时都是不同的客服接待的，买家向A客服提出诉求，换了B客服，又得重复提出诉求。

（7）卖家未按指定快递发货。

（8）购买的商品刚到货就降价了，只要提出索赔差价的要求，同时反感卖家不执行差价赔偿。

（9）买家发现商品有轻微质量问题向客服投诉，客服要求拍照和拍摄视频以做证据后，却仅以道歉作为处理结果。

（10）客服答应返现、赔偿却不在承诺时间内兑现承诺。

了解了买家的这些反感心理，卖家就不要去触碰他们的底线。某些时候，买家对卖家的评论，并不完全按照商品是否符合买家的心理预期作为依据。商品性价比超级高，货物准时送达，不代表买家一定会给5分好评；买家买了一件不称心的商品，还发生了兜兜转转的各种插曲，也不代表买家一定会给差评。

四、如何利用千牛更好地在线服务买家

1. 自动回复，不要让客户久等

事实上，在淘宝开店并不像一般人想的那样轻松、悠闲。毫不夸张地说，它甚至可以算作天底下最辛苦、最累人的工作之一。卖家的千牛基本上每天有超过16小时为上线状态；手机版的千牛出现以后，卖家的日上线时间甚至可以达到24小时！而这仅仅是卖家获得订单的必要条件。在这么长的时间里，你不可能时时刻刻都守着电脑或者用手机来应对买家的咨询。新手面临的尴尬往往是，你刚离开电脑，买家就来了；你刚好没带手机，买家就来了；等你回来了，买家却走了，无论你如何苦苦哀求，买家就是不现身了！有的卖家总是因此抱怨自己运气不好，"怎么都被我赶上了"。其实，别的卖家又何尝没有过这样的遭遇呢？因此，千牛的"自动回复"功能便显得尤为关键。其重要性不仅体现在卖家不在电脑旁的情况下，对生意热火朝天的店铺和天猫店铺来说，其更是不可或缺的。

从一个买家的角度来看，我发现目前很多天猫店铺的自动回复工作做得远远不够。他们往往在设置自动回复内容时，只显示一些简单的问候语或者其他与生意无关也无关紧要的话。看来他们还未完全了解自动回复所带来的便捷。

让买家多等待一分钟，都可能造成跑单！买家连续发问三句都没有客服应答他，便可能因认为自己受到怠慢，而选择其他店铺的商品了。

能够根据店铺的不同情况设置出合理的自动回复内容，这样的客服就是一名优秀的客服！在团队运作网店时，这种客服的重要性显得尤为突出。相比其他客服人员，他往往可以接到更多的订单。当然，作为团队的领头羊，你不可以指望某位客服来为你创造最多的利润和最有效的管理，而是要自己主导全局，力争让每个细节都制定得科学合理。比如为了减少客服的应答次数，可以把大多数买家反复咨询的、突出的问题以自动回复或者商品描述的形式

展示给买家，这样就能持续提升网店的整体水平与经营效益。

运用好自动回复设置，就可以达到即便客服不在电脑旁，也能实现无人自助交易的效果。

判定自动回复内容是否合理的主要依据，便是其是否匹配买家需要了解的主要信息。通过多次和不同买家在旺旺中进行交流，你可以根据日常接单情况，大致总结出买家所关心的几个核心问题。

下面罗列了几点店铺通用型问题，可以结合自身情况予以参考。

（1）货物库存问题。

买家关注货物库存问题，因为他们不希望自己考察了很久，终于做出决定付款后，卖家却告诉他缺货。自己白费力气不说，还要再去申请退款，来回折腾。多数买家可能并不清楚发布缺货商品属于违规行为，这样你还可以侥幸逃过一劫。但实际上，卖家在不断的交易中也不可能完全掌握准确的库存状况，比如退货、换货、质量问题所造成的库存变动，团队内部的沟通协调不到位，供货商未能履行供货合同、延迟交货，等等，这些情况都是相对不可控的。因此，你每天都必须关注库存，及时下架无货商品，使买卖双方都受益。如果买家咨询有货无货比较多，你就可以在自动设置中添加本条内容，提示在售商品均有库存。

（2）发货问题。

买家一般都会关注自己付款之后什么时候可以发货。淘宝在物流方面已经设置了"发货时间承诺"以对此进行保障。即便如此，买家还是希望再次确认卖家的发货时间。很多卖家无法履行承诺及时发货，而导致买家失去信心，不得不"面对面"地确认究竟什么时候可以发货。那么在设置自动回复时，可以加入类似"上午付款，下午发货；下午付款，次日发货"等提示性语言。

（3）运费收取与快递选择。

买家希望通过沟通得到购买多件包邮等优惠，从而减少运费的支出；希望知道卖家使用哪家快递，这个快递能不能到他家，以及几天能到；或者想指定快递公司配送货物。应该说，淘宝在快递方面做的优化工作还远远不够，至少不够人性化。正因为十多年来淘宝对这方面不够重视，造成了买卖双方每天可能进行数以亿次计的旺旺沟通，严重浪费了客服资源。你可以在自动回复中，添加对应的信息，比如"小店默认发圆通、韵达、申通快递，购买两件不同商品即可包邮（偏远地区除外），如指定其他快递，则需加收 5 元快递费，请在拍下商品后备注需要发哪个快递。一线城市 1～2 天到货，二线城市 3～4 天到货，偏远地区 5～7 天到货。农村乡镇无快递的一律发 e 邮宝，一般 7 天内到货"。快递选择方面被买家吐槽的比例超过 40%，而淘宝并非没有意识到，所以"指定快递"便以插件形式问世。

（4）能否还价。

我个人主张学习天猫销售定价不还价的模式，与之相对，我很反对讨价还价、像卖白菜一样的销售模式，原因主要有两点：一是不还价对买家更公平，商品在不同时期的定价能基本保持一致是对买家的尊重；二是反反复复还价的买家还很有可能在收到货物之后给出负面评价。买家的心理其实也是可以琢磨出来的。有人购买一件 20 元的商品，会为了还 1 元钱的价而折腾卖家 1 小时；有人会用 10 元钱的总金额让你卖给他 10 条纯棉方巾且包邮；有人会在买 150 元的商品时，经过两三个回合还价到 90 元之后反悔，觉得还是买贵了，因为他认为你答应协议价格太干脆，所以肯定还可以更便宜。

如果你坚持不议价，就不要轻易妥协，当然也不要为了几毛钱的零头而丢掉客户！也有人反对不议价销售规则，认为既然买家已经在咨询自己的商品了，说明该价位已经在买家可接受的范围内，这时如果让买家通过旺旺咨询得到了优惠，其便会得到很大的心理满足，觉得自己很幸运、口才好、说服力强，因而会很高兴。但实际上，当生意做到一定规模，谢绝议价才是最佳选择！实体店铺中，小店往往可以还价，大超市不可以还价；网店中，新手的店铺或者没生意的店铺往往可以还价，大卖家和天猫不可以还价。在自动回复中，"不议价"可以很方便地被列出。当然，如果你决定执行优惠促销政策，比如"满 100 减 10"等折扣措施，也可以在自动回复中体现出来。

自动回复有输入汉字的数量限制，你的措辞一定要简练明晰，还可以适当配以旺旺表情作为分割。千万不要让买家看得太累，如果你写得太多，可能买家没看几个字就将你写的自动回复视为空气，不再理会。

在不同状态下，可以设置不同的自动回复内容。

不同的在线场景，设置不同的回复内容会显得更为恰当。设置完毕后，请勾选右下角的"漫游自动回复"选项，以便在不同电脑登录都能同步你精心准备的自动回复内容。

当你的产品比较杂乱，觉得自动回复内容过多时，你也可以写成"购前须知"放在所有页面前面，然后在自动回复中增加页面网址，并加入因为客服过忙而致歉，以及在客服未能及时应答之前请根据购前须知自助购物等内容。

自动回复还有一个团队知识库功能，可以关联 1～10 个数字问题。不过通常并不需要设置那么多的问题，设置太多的问题反而会干扰买家的视线。

另外值得提醒的两点是：一是要有基本的礼貌，不要丢弃淘宝的特色文化——"亲"的口头禅；二是在这个充满调侃的虚拟网络里，能不能让你的自动回复不要千篇一律地像法律文件，而显得幽默诙谐一点？

2. 设置快捷短语，让客服以一当十

当你的生意愈发红火，千牛的叮咚声不绝于耳之时，你是不是会深感自己活得很累，恨不得变成千手观音来对付一位位走马观花的小财神、大财神呢？有人可能会告诉你——"只能请客服"。可是，敢问各位大卖家，即使已经有了那么多客服，他们就能忙得过来了吗？这里，我不得不提一项大家普遍忽略的重要功能——快捷短语设置。

快捷短语设置可以进行分组设置。分组功能意味着客服可以实现分部门、分工使用规定的快捷短语。比如，全店通用型快捷短语可分为进店欢迎、离

店招呼、快递解释、谢绝议价辞等；售前服务中，对热门商品设置专用解释、不同类别商品设置不同的专业解释用语等；售中服务的查件、查询、配送进度等；售后服务中的道歉、请求给予5分好评等。

设置快捷短语的宗旨是，分门别类地总结买家咨询最多的问题，然后进行统一规范化的解答，让人工客服熟知其分类的合理性，能最快地响应买家的咨询。快捷短语能将烦琐的打字变为轻松的鼠标一键点击，让人工客服相当于半个机器人，能筛选匹配的解释性用语。

对于中小卖家而言，也许其自身的客服团队并不是那么庞大，所以也许无须对快捷短语进行分组，直接设置短语即可。

你可以在对话框中预先设置好经过深思熟虑的短语，然后通过"快捷编码"设置数字、字母等编码，再选择分组，保存短语。

当面对众多的买家咨询时，你只需打开快捷短语框，直接点击该短语，就可以完整地将短语拷贝到对话框中，再按回车键发给买家。是不是很方便呢？

而对于团队运作的大卖家而言，设置快捷短语时就应该更加严谨。短语可以分为两大类：一类是常规性运作型短语，即一年四季通用的短语；一类是临时性活动型短语，即网店参加某类大型活动时专设的短语，这在活动期间买家咨询量倍增时显得尤为重要。短语设置分组要有合理性，短语呼出编码的设定则要有逻辑性。

比如快捷编码为s，你就需要告诉你的客服为什么是s。大家应该都知道，"尺寸"的英文为"size"，s便是其首字母。所以客服只要遇到咨询关于尺寸的问题，马上可以使用"/s"命令粘贴快捷短语。

培训客服时需要将这种合理性与逻辑性意识灌输给客服，以便让客服能更好地使用快捷方式检索出需要的内容。你可以以"优化快捷短语"为主题举办一场活动来激励客服，奖励那些善于思考的人；也可以把快捷短语作为客服考试的题目；还可以来一场客服应答买家的技能比赛。花费这些时间与精力，不仅可以提升团队的凝聚力、战斗力，还可以让客服变得更专业也更轻松，从而在售前、售后服务中游刃有余。

如果你是天猫卖家，却还没有这么做，那就赶快尝试一下吧，保证可以让你的客服以一当十，同时让你的买家更满意。

还有一点需要提醒你，设置快捷短语的目的不言而喻，但是如果你单纯地想把客服变成机器人，便违背了人性。你更不能把买家也当成机器人来对待，这是大忌。记住，这些快捷短语不是写给无生命的机器人看的，而是写给有血有肉的买家看的。在措辞方面，你还是得俏皮地说"亲啊亲"，和买家"亲来亲去"地调侃。

3. 智能客服机器人

店小蜜是一款智能客服机器人，研究和设置好店小蜜可以为店铺节约更多的人工客服，进一步降低店铺成本，获得更多的利润。店小蜜成了集行业知识、类目专业、店铺个性于一体，通过团队的知识库贡献，智能地模拟人工客服，甚至可以比人工客服更加精准地自动发现高频问题。

生意兴隆的店铺，应该雇佣专业人士或者抽调经验丰富的客服和店铺智囊团，对店小蜜进行系统精准的配置和完善。

店小蜜的知识库分为简易版和完整版。建议先行使用简易版进行配置，能熟练掌握控制智能客服后再做扩展。

简易版，即新手版知识库，是专门为新手用户定制的简化知识库，其中包含买家高频咨询的几十个问题，大部分问题会配置默认答案，你可以根据店铺实际情况进行确认或者修改。这些问题也代表了淘宝官方采集的大数据，分别对应了买家的不同种语言描述，可供卖家做买家行为分析而完善客服语言规范。它们分别是：

（1）表示"好的"。买家表示确认该信息，赞同卖家的观点。

（2）买家发送商品链接，即表示对该商品产生购物欲望。

（3）买家问好。"你好，在吗？"

（4）买家表示感谢。"谢谢。"

（5）咨询店铺通常发货时间、发货顺序，包括预售／定制类商品的发货时间。类似："今天可以发货吗？"

（6）咨询库存。"有货吗？"

（7）发送一个表情。

（8）咨询是否可以优惠。

（9）催促发货。

（10）发送图片。

（11）指定使用某快递，或者指定不使用某快递。

（12）咨询是否在某时间段内收到货物。

（13）咨询默认快递。

（14）咨询商品价格。其实价格已经在网页公布，买家的这种咨询，在某种意义上是来确认、还价。

（15）咨询是否包邮，运费怎么核算。

（16）发送无意义标点符号。

（17）咨询店铺的促销活动和规则。

（18）咨询是否有赠品、小礼物。

（19）咨询商品不喜欢／不合适／不想要怎么办。

（20）表示已经下单及付款。

（21）咨询退货退款相关问题。

（22）要求修改收货地址。

（23）表示需要购买某商品。

（24）咨询商品质量。

（25）催促办理退款。

（26）要求修改商品价格。

（27）表示不要发错货物，检查质量。

（28）退还货物的地址，运费支付协议。

最后要注意，配置好的知识库，需要经过测试才可以让智能客服上线。

第四节　淘宝助理：智能发布宝贝信息

淘宝助理（zhuli.taobao.com）的核心模块就是宝贝管理。通过淘宝助理，卖家不用登录网页就可以对商品进行创建、编辑、更新、复制、库存管理、下架等操作，比在网页上管理商品更加直观、简易（见图2-2）。

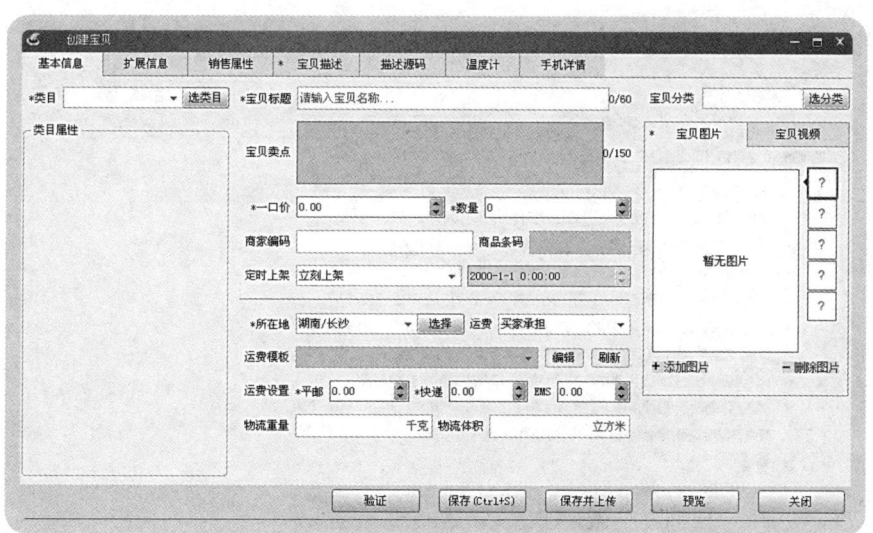

图2-2

一、商品类目放置和调整

在网上开店也和超市一样需要遵守商品分类的规则。很多卖家也许从来没有对商品类目进行过研究，基本只会按照商品的一般属性对其加以归类，属于哪个类别就放在哪个类别，而不会想到同一种商品可能会具备多个属性。一种商品完全可以同时放在多个类别中，而各个类别展示的效果可能会截然不同。

比如，图2-3所示的搜索关键词"浴巾"，匹配到的类目有三十多个。有些精明的卖家在世界杯即将到来之际，准备趁机赚上一笔，便提前采购了一批以世界杯为主题的浴巾。在选择类别时，如果把这个产品放置在"床上用品/布艺软饰 >> 毛巾/浴巾/浴袍 >> 浴巾"这一类别中，则无法凸显世界杯的主题风格，而把自己的特色产品与普通的浴巾混在一起了。

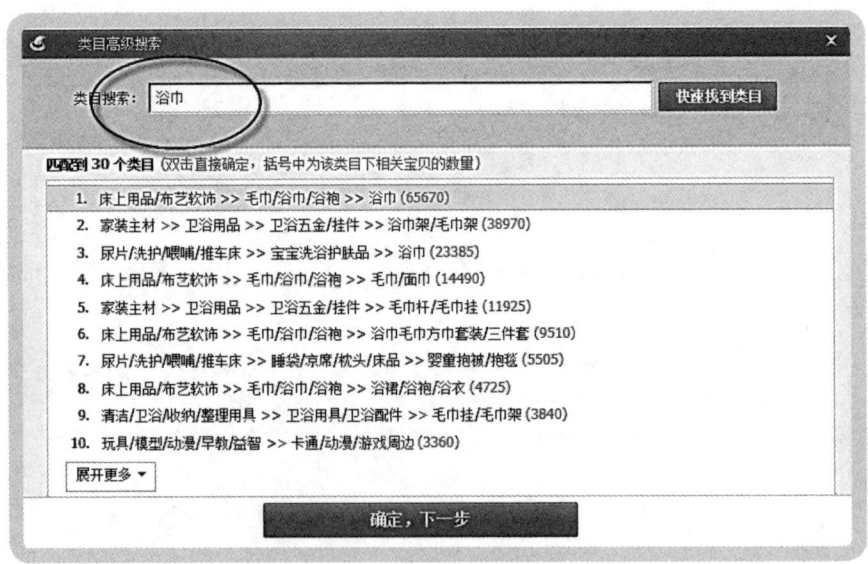

图2-3

很明显，将这个产品放在运动类目中，无疑是更佳选择（见图2-4）。这样做有几点好处。

第一，浴巾属于日常用品，不同卖家发布的此类商品非常多，甚至超过几十万件（图 2-3 中相关宝贝数量显示的是 6 万件以上，实际远远不止），而运动类别下面的浴巾/毛巾分类中发布的商品数量就非常少。正所谓"多则石沉大海，少则以稀为贵"，因此将其放在运动类别中更容易被发现，也更受欢迎。

Tips

试试把商品放到别的类别里

第二，体现了特色文化，针对性强，买家会更乐意在运动类别这个小范围里寻找产品。

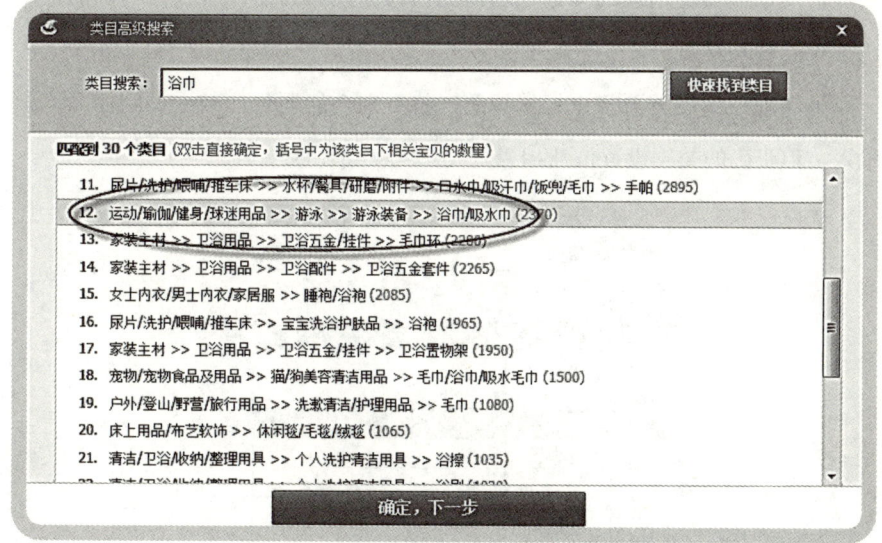

图 2-4

第三，有利于针对竞争对手调整策略。比如更容易定价，即便你要打价格战，也得先知道对方的价格定位；又如运费策略，别人如果收 10 元，你就收 8 元；再如商品描述，可以针对他人描述的不足，来补充完善自己的商品说明。假如对手没有清楚地标明尺寸，你就不仅标明尺寸，还可以利用人体高度来比照浴巾尺寸，以凸显浴巾和毛巾在尺寸上的巨大差异；假如对手没有说明浴巾是否掉色，你不但可以做出品质保证说明，还可以附上将浴巾丢入水中的效果照片加以验证。

选择定位及大类别之后，就需要填写商品的"关键属性"与"非关键属性"这两个参数值（见图2-5）。补充完善非关键属性能让你受益匪浅，主要表现在：一、能让买家更清楚商品的特征；二、能在分类中增加曝光概率；三、在搜索结果中因更具匹配性而加权。

带 * 符号的是必填项，不填写是不能发布商品的。

尤其是竞争激烈的类别，比如女鞋大类，卖家特别多，买家的疑问也特别多，所以就要连选填的参数也填写完整再去发布商品，否则你的商品根本就不可能被人发现。

虽然现在淘宝首页又进行了调整，将类别功能弱化，减少类别商品流量输入，但正确的类别设置依然相当重要。

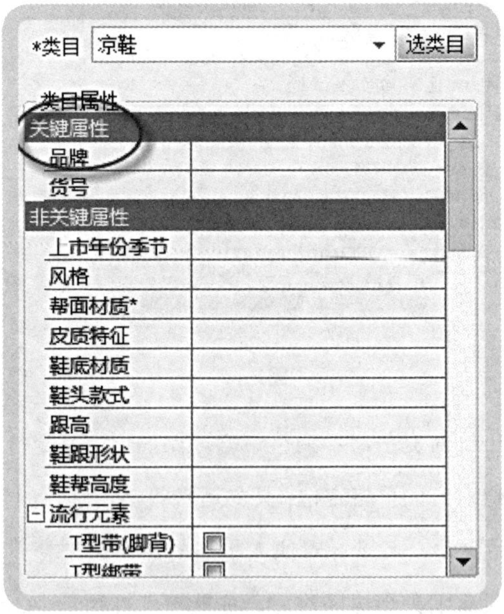

图2-5

二、商品标题

淘宝商品标题最多允许设置60个字符（即30个汉字）。正是这30个字对浏览量起到了决定性的作用。商品标题的核心意义并不仅仅在于告诉买家你卖的是什么产品，更在于让买家能方便地搜索到你的产品。

1. 好的商品标题的八大基本要素

怎样的商品标题才符合淘宝搜索的规则呢？我总结了好的商品标题所包含的八大基本要素。

Tips

好的商品标题有八大要素

（1）商品自身称谓必不可少。

比如U盘产品，商品标题中当然需要包括"U盘"，而由于U盘通常又被大家称为闪存盘，所以你还必须考虑同一个产品不同的称谓。

（2）商品的性能、特性描述。

U盘的容量是其主要性能或特性。买家在选择购买U盘的时候，普遍考虑的第一要素就是容量的大小。在商品标题中标明容量为16G，这样当买家搜索"U盘 16G"时，你的产品便更容易被找到。

（3）商品的卖点。

什么是卖点？就是你的产品与别人的产品相比较所具有的优势。对于商品的主要卖点，你必须认真思考、总结，因为那么多的同类商品都展示在买家面前，想让买家点击你的商品，购买你的商品，卖点的描述是最基本的促成因素。

（4）促销模式。

说明商品有什么特别优惠政策或优惠活动，可以是商品价格、邮费，也可以是赠品。比如促销关键词"特价""包邮""全国包邮""送礼""有赠品"等。

（5）品牌正品。

如果商品是品牌商品，无疑更有品质保证与定价优势，最好特别说明加以突出。比如"金士顿 正品"。

（6）商品的型号。

标注出厂统一型号让买家可以实现对商品集中进行价格对比。尤其在卖手机时，型号是必须说明的。

（7）商品的材质。

不同的材质体现不同的成本和品质。比如，通常情况下，陶瓷杯要优于塑料杯，皮包要优于普通布包。

（8）其他附属信息。

比如"皇冠信誉""有发票""假一赔十"，以及附加增值服务，等等。

我在淘宝搜索了"U盘"这个关键词，得到的排序如图2-6所示。

图2-6

这些商品的标题，给人的第一感觉就是字数多。销量、人气排列在前面的商品，没有一个商品是类似"金士顿 U盘 16G"这样的简单描述的。从中不难发现，这些卖家普遍比较重视的要素有三个——卖点、品质和促销优惠。

排名第一位的卖家给商品的定义是"金士顿16g u盘 不锈钢超薄金属防水U盘 16G dtse9 刻字 正品特价包邮"。让我们来抽丝剥茧地分析一下这个产品标题的八大要素：

- 商品的主体：U盘、u盘。
- 商品的性能：16g、16G。
- 商品的卖点：不锈钢、超薄、防水。
- 商品的促销模式：特价、包邮。
- 商品的品牌：金士顿、正品。
- 商品的型号：dtse9。
- 商品的材质：金属。
- 其他附属信息：刻字。

这个商品的标题中包括了定义标题的八大基本要素，因此符合"好标题"的评判标准。

另外，你还可以看出，30字对于卖家来说有多重要。该卖家的产品位列全网第一，其设置关键词的宗旨就是：宁可重复描述，也绝不浪费一个字符空间。

但仍可以看出其缺陷如下：

首先，主体称谓描述不够。U盘又可以称为"USB闪存盘"。该卖家完全没有提及闪存盘，商品别称是"u盘"，而网络搜索基本都不区分大小写，"U盘"和"u盘"并没有区别。

其次，不清楚网络中搜索字母不区分大小写的原则。不仅在称谓上重复，还在16G容量这一点上重复。

如果你觉得学习了八大要素之后，就可以扬扬得意了，那你就大错特错了！

如果商品标题的拟定如此简单，那么淘宝关键词 SEO（搜索引擎优化）也就没有什么新奇的了。要知道，同样的关键词在调整了摆放顺序之后，可能造成搜索排名的变化。你可以参照图 2-7 去体会分析其中的微妙之处。

2. 淘宝关键词 SEO 的三大原则

总体来讲，淘宝标题 SEO 还需要遵循以下三大原则：

> **Tips**
> 买家搜索基本都采用"名词＋形容词"模式

（1）买家习惯。

一定要根据买家的习惯来设置关键词。买家习惯不是我说了算，也不是某个人、某些人说了算，而是多数淘宝买家说了算。按照汉语书写习惯，应该是以"形容词＋名称"的形式来进行描述的，具体到 U 盘，就是告诉买家你卖的东西是"不锈钢金属材料 16g 容量的 U 盘，特价并且包邮"。

图2-7

但是买家在搜索的时候，却不会这么搜索，他们习惯以"名称＋形容词"的形式进行搜索，比如他们会输入"U 盘 16g 不锈钢金属 特价包邮"。再比如"t 恤男 短袖 纯棉正品""铜钱草 水培植物 套餐""书包 小学生 双肩"等。

买家习惯不仅表现为颠倒形容词和名词的顺序，还有其他诸多表现。如何才能发现这些习惯性搜索的规律？那就必须借助淘宝的数据统计才可以分析出来。

（2）动态变化。

关键词的设置有时候可能还需要跟着流行趋势走。对于某些商品来说，紧跟流行趋势就好比搭上了"顺风车"，能让销量暴增。

> **Tips**
> 添加流行热点"×××同款"，轻松变爆款

当下发生的某些事件往往会直接影响买家的搜索。比如，前几年湖南卫视的电视节目《爸爸去哪儿》播出之后，很多家长就会为了把自己的孩子打扮得更时尚而去购买节目中孩子的帽子、衣服、鞋子、背包，甚至洗澡用的毛巾、浴巾等的同款产品。这时，"爸爸去哪儿同款"这个曾经不可能出现在搜索框中的关键词可能就会颇受关注。等这个节目不做了，热点消退了，这个关键词也会从搜索框中消失。现在几乎已经没有人去搜索这个关键词了。

"明星同款"是运用比较普遍的商品标题关键词。大数据会分析出年度最带货的明星。明星同款和挂靠明星同款的含义不尽相同，挂靠明星同款属于侵权行为。

动态变化除了有这一层含义以外，还包含一层意思，即实时调整标题的必要性。一些销量差的商品，基本无人购买，就意味着其将被系统逐步淘汰，久而久之就会无法在淘宝搜索到。面对这样的情况，你必须随时调整关键词，及时更改商品标题，激活产品，重新为它输血，使其获得新生，进而达到增加流量的目的。

（3）淘宝引导。

由于站在大数据的顶端，淘宝小二可能更容易捕捉到当下的流行趋势，因此也更容易成为流行趋势的引路人。他们可以在买家执行搜索时匹配与流行趋势相关的关键词给买家，甚至可以通过在设置商品属性时增加或删减某

些流行元素来完成对流行趋势的引导。

很多新手卖家在成功通过身份验证之后，往往急于激活店铺，开始营业，便随便给商品拟定几个简短的标题就将其匆匆上架。这样的做法是非常不明智的。试问，店铺激活之后倘若没有生意，那和死亡又有什么区别呢？

> **Tips**
> 新手卖家拟定标题忌犯两个错误

我留心观察了很多新手店铺，卖家把开店的首要大事"给商品取名"都想得太简单，做得也太马虎。比如卖凉席的卖家拟定的商品标题是"×× ××× 凉席"。×× 为某个不知名的凉席品牌，××× 是这个凉席生产厂家内部的产品编码。商品标题过于简单，是新手卖家在给商品命名时普遍会犯的第一个错误。

在商品标题中堆砌关键词，是新手卖家容易犯的第二个错误。也许你认为，既然30字决定浏览量，那就无论如何都要把30字写满！这样往往会让人黔驴技穷，写到后面真不知道该用什么词好了，于是便把有关的、无关的都加进去凑数。甚至把几种商品的标题混列在一起，比如T恤商品的标题里加入"袜子"，类似的写法都属于乱用关键词。标题里很忌讳的一点，就是同时提及两种以上的商品名称。因为这样会让人搞不清你到底卖的是什么。

现在介绍两个设置关键词的小技巧。

第一个小技巧，是使用淘宝首页搜索框里输入关键词后出现的自动推荐词。如图2-8所示，在淘宝首页输入商品名称"连衣裙"，自动为你下拉推荐的前10个相关关键词如下：

- 连衣裙夏；
- 连衣裙女夏；
- 连衣裙2019款；
- 连衣裙 夏 长裙；

- 连衣裙小清新；
- 连衣裙韩国；
- 连衣裙夏韩版；
- 连衣裙长；
- 连衣裙夏2019款；
- 连衣裙短裙。

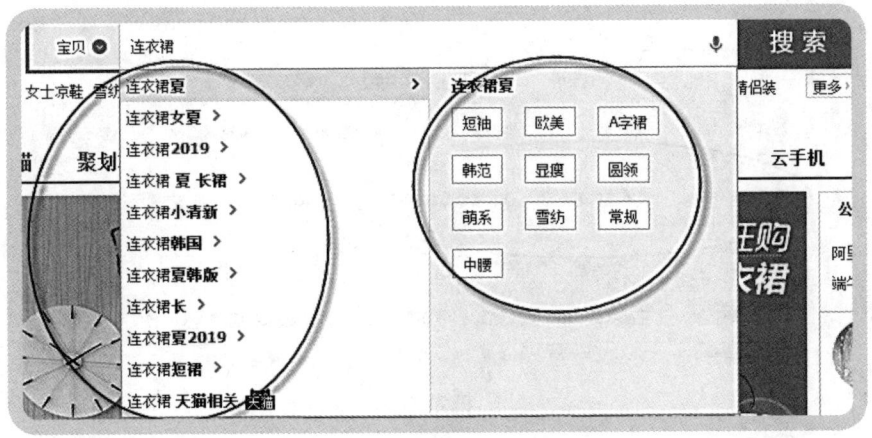

图2-8

而在每个关键词右侧还会出现一组推荐关键词，如"短袖""欧美""A字裙""韩范"等。

在你选择"韩范"之后，又会自动下拉推荐10个热门关键词："学生""淑女""甜美""牛仔""宽松""学院""显瘦""一步裙""A字裙""抹胸"。

这些关键词起着非常重要的作用，它们能引导买家进行搜索。

第二个小技巧，是查看淘宝的相关搜索关键词推荐。

在搜索结果页面，你会发现下面有一行字——"您是不是想找：……"（见图2-9），这里就是搜索结果页的相关推荐关键词。

图2-9

三、宝贝卖点

目前最新的商品详情页增设了"宝贝卖点"一栏,可以作为针对买家的商品描述的开场白(见图2-10)。

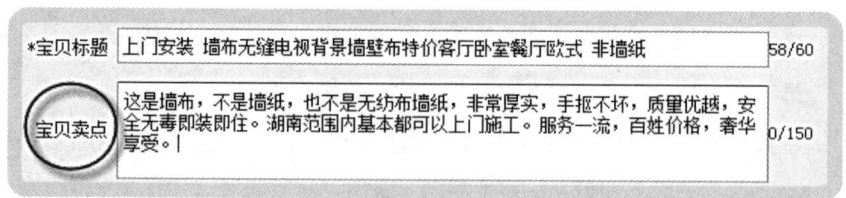

图2-10

编辑完毕并发布之后,卖点会显示在商品详情页标题的下方(见图2-11)。

个人觉得宝贝卖点的增设并没有太大的实际价值。作为"副标题",宝贝卖点既然不出现在商品搜索关键词的结果页,就意味着买家在第一时间获取的信息中并不包括它。买家在对比搜索结果页面后,决定打开此商品时,关注的又是更详细、更实在的商品信息而非卖点里虚的描述。

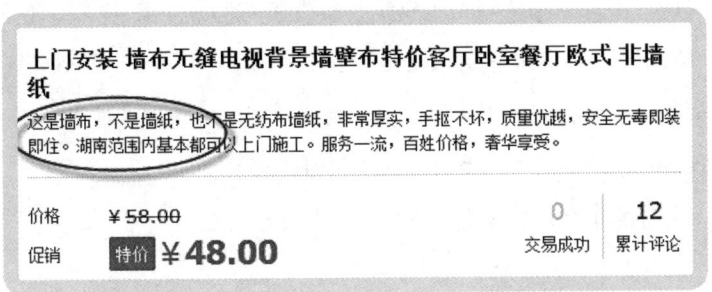

图2-11

宝贝卖点虽然出现在第一屏标题的下方,但是因为字号较小,买家不一定愿意仔细阅读。而且,往往也只有卖家才知道那些小小的文字是宝贝卖点,一般买家根本不会知道那儿写的是宝贝卖点!非但如此,淘宝也不可能绝对控制所有的卖家把这个位置都用于商品卖点的描述。所以,必然导致卖家各自为政,想写什么就写什么。这样一来,"宝贝卖点"就真的不一定是商品卖点了!

而如果淘宝增设的"宝贝卖点"选项出现在搜索结果页,当鼠标移动到某商品位置时就显示该商品的卖点,那么,其效果就不可同日而语了。但令人失望的是,目前在搜索结果页,当鼠标指向商品时,只是重复出现商品标题而已。

四、商品常用卖法

在淘宝出售商品,主要有三种卖法:一口价、拍卖、个人闲置。

拍卖又分为单件拍、荷兰拍(多件商品拍卖)、降价拍等三种模式。因为拍卖是一种特定的卖法，个人闲置模式又多用于跳蚤市场等非主流市场，而且现在淘宝专门为个人闲置商品买卖设置了"闲鱼"App，所以，在淘宝开店的卖家基本都选择一口价模式。

实行一口价卖法，个人网店店主就可以通过修改买家订单的应付金额完成协议议价。而天猫网店则不可以主动修改拍后的订单金额（运费可以调整修改）。即淘宝C店可由店主决定是否接受议价，而天猫B店不可议价。随着淘宝卖家越来越趋向于团队化运作，淘宝C店议价的可能性也会越来越低，只有一些小卖家才不得不花费时间来应付讨价还价。

关于定价的策略，后面会有专门的章节详细介绍。

五、卖家缺货处罚

商品数量请按照实际情况来填写，切忌随心所欲、任意捏造，否则按照淘宝的规定，缺货将受到处罚。

缺货可以和"延时发货"挂钩来加以理解。

首先来解释一下什么是延时发货。卖家根据自身运营情况来决定多长时间内完成发货任务，即设定发货时间（见图2-12）。卖家可在"我是卖家 >> 物流工具 >> 运费模板设置"中创建发货时间承诺。同一个店铺可以实现多种发货时间设定，只要创建多个运费模板并分别运用于指定的商品即可。

淘宝C店和天猫B店对延迟发货和缺货行为的处罚不同，天猫B店的处罚更为严厉。

淘宝C店缺货已马上通知买家退款，但还是收到买家投诉的，如果实际存在违规，需主动赔付商品实际成交金额（不含运费）的5%给买家（赔付金额不超过30元）；在处理过程中主动赔付给买家的，即便收到投诉也不另作扣分处理；未主动赔付的，待淘宝客服介入后，投诉成功立即扣3分，且会转移对应的保证金。投诉处理中可以直接点击"同意赔付"操作以完结投诉；

如无按钮，可以线下打款赔付，投诉页面有支付宝交易号说明。

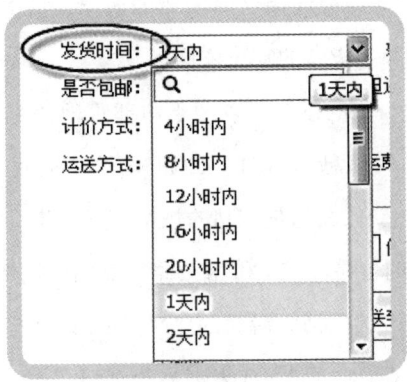

图2-12

天猫B店延迟发货（缺货），是指除特殊商品外，商家在买家付款后实际在72小时内未发货，或者对于定制、预售及其他特殊情形等另行约定发货时间的商品，商家实际未在约定时间内发货，妨害买家购买权益的行为。商家的发货时间，以快递公司系统内记录的时间为准。

延迟发货的，商家需向买家支付该商品实际成交金额的30%（金额不超过500元）作为违约金，该违约金将以天猫积分的形式进行支付。

例如，某卖家被买家投诉延迟发货。买家称卖家"未按约定时间发货"，因此申请退款29元。由于在物流中无法显示发货状态，卖家为避免扣分处理便同意退款，系统就会自动赔付8.7元（29×0.3），折合天猫积分870分。

面对买家以"未按约定时间发货"为由申请退款的，很多天猫商家会要求买家修改申请原因为"其他"，这明显是在逃避责任。如买家坚持而卖家拒绝，待淘宝客服介入并根据实际情况判断系卖家责任的，卖家将承担赔付义务。

六、商家编码

商家编码是卖家内部或者供货商的出厂编码。编码对于买家来说可能没有意义,而且买家也看不到卖家的商家编码。但是,商家编码对于卖家来说却有很大的作用。它是销售连接仓库发货的桥梁,尤其对于代销卖家来说,商家编码是联系买方和供货商的唯一依据。

商家编码需遵守一定的规则,以便于内部管理使用,要尽量让管理者通过编码能够得知商品的信息。比如,28CA035这个编码是某产品的代码。按照公司内部规定,"28"代表的是产品的规格为2.8米高。"C"代表内部定价档次,用来识别产品的价格。产品价格按照从高档到低档的顺序共分为A、B、C、D四个档次,C属于第三档。后面的"A"还是代表定价档次,共有CA、C两个档次,CA的价格高于C。"0"代表产品的系列,比如田园风格的编码为0,欧式风格的编码为1,以此类推。"35"则是不同产品的顺序编号。其公司内部通过编码28CA035可以识别出的信息是:客户需要的产品是2.8米高、价格为××元的田园风格第35种花色。

商家编码不要过于烦琐,要区分产品的重要性能分类。编码太长,让人难以记忆。掺杂无关紧要的属性则毫无意义。

七、上架时间

产品上架分为立即上架、定时上架和进入仓库三种模式。选择立即上架,卖家在产品发布后可以马上在出售中的宝贝中查看到,半小时后在淘宝中可以搜索到。定时上架是指卖家可选择在哪天哪时哪分哪秒上架。这是卖家根据自己商品数量的多少,分天分时上架的重要方法。选择进入仓库,则只能由卖家自己查看到,点击上架之后才可以显示在买家面前。

在淘宝的搜索规则中,有一个规律是商品距离七天下架时间越近则越被靠前展示,所以产品的上架时间就显得尤为重要。任何商品都会在发布七天之后的同一时间下架。这一规则就意味着商品在快下架的时候会被更多地展示。

然而,规则是变化的。淘宝的产品经理可能在某段时间内,将某些类别的参数修改为最新上架的产品优先展示。淘宝的搜索引擎参数设置属于绝密信息，外界乃至其内部都鲜有人知道准确的公式。其参数哪怕进行非常细微的调整，都可能导致流量的重新分配。如果你的产品没有被提示降权，而流量和成交量却都下降了，那可能的原因就是淘宝的搜索引擎参数发生了变化。同样，如果平时你的生意不好，突然哪天成交量增加，而你又没有做任何的商品推广，也说明其参数被做了调整。但是如果影响到了大多数卖家的利益，可能几天之后淘宝又会进行回调。

无论淘宝如何调整参数，这么多年都始终没有放弃按照七天下架时间来安排展示效果的原则。所以，产品的上下架时间对于流量仍然有非常重要的作用。

根据统计分析，10—12点、12—14点、20—23点这三个时间段为买家访问淘宝的高峰期。至于这三个时间段分析得是否正确，你也可以推理一下。大部分人在上班后首先需要完成一些工作，之后的闲暇时间通常就为10—12点；然后吃午饭，午休的时间约为12—14点；吃过晚饭，晚上休闲、上网的时间为20—23点，最后才上床睡觉。不难看出，这三个时间段正好是人们逛淘宝的高峰时间段。

而通常到了周六、周日，大部分人都不会逛淘宝，而会选择其他的休闲模式，所以这两天的成交量会下跌。

> **Tips**
> 上架商品须锁定黄金时间段，避开节假日

因此，我们最终可以得出结论：在周一到周五的10—12点、12—14点、20—23点上架商品会更多地被淘宝展示。

此外，在一些重要的节日或小长假里，成交量也会明显减少。尤其在春节期间，不仅买家会放弃购买，很多卖家也会选择将店铺打烊。

因为淘宝有可能选择新上架产品优先排序，所以尽量不要在节日期间上架商品。

八、运费与运费模板

在发货量大的情况下，你可以和快递公司单独议价，减少发货成本，这一点对于销售包邮商品、进行价格竞争，以及参加重大活动都非常关键。

基本上，如果每天能发 10 个件就有了和快递方谈判的资本。

快递公司收取的快递费用中一般已经包含了外包装塑料胶袋的费用，你可以找快递公司索要。在和快递公司协商运费价格时，告知对方自己的淘宝卖家身份会对你有好处。如果当地有多家快递公司，你还可以利用它们之间的竞争降低运费。

快递运费的结算一般采取月结模式。作为卖家，你需要特别注意的一点是，每个单都要亲自记录准确的包裹重量，而不要任由快递公司事后填写，因为在包裹众多的情况下，有些不良快递人员会恶意提高包裹重量而收取大量的超重费用。

> **Tips**
> 向合作快递公司索要外包装塑料胶袋，并记录包裹重量

运费模板是由卖家自主设置的，可以针对不同地区、不同快递公司设置不同的价格。目前，卖家包邮也需要设置运费模板，即各地区运费为 0。利用运费模板可以实现部分地区包邮、偏远地区补运费的要求。

运费模板可在"卖家中心 >> 物流工具 >> 运费模板设置"中新增（见图 2-13）。

同一店铺可以创建多个运费模板，不同商品可以选择不同模板进行运用（见图 2-14）。

运费计价方式是考验卖家经营能力的项目之一。如果运费设置不当，将给你造成诸多麻烦，最后可能每个订单都需要由客服修改运费。目前，淘宝提供了"按件数""按重量""按体积"三种计费模式，你可以根据实际情况做多种考虑，还可以利用服务插件进行"满××元包邮"等设置。

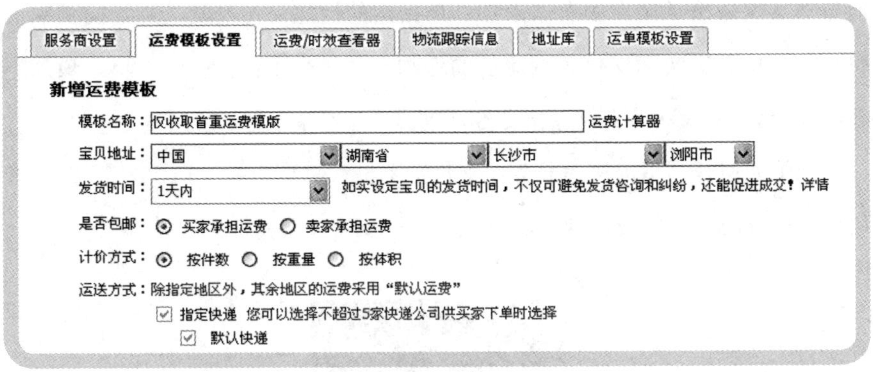

图2-13

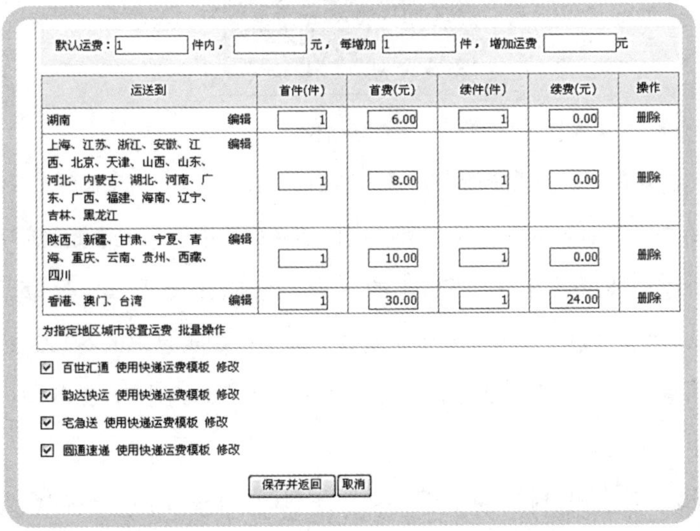

图2-14

你可以为不同地区设置不同的运费价格,并设置加收运费方案。但是,由于淘宝商品包邮比较盛行,所以你在考虑运费设置的时候,不可一味根据实际运费支出做对应设置。

淘宝新增了"指定快递"插件,其功能是由卖家提供不超过5家合作快递公司,指定各快递公司不同的运费,最后由买家指定选择。指定快递服务即是对买家做出承诺，如卖家未按订单指定的快递公司发货，则需向买家支付与该订单买家实际支付运费等值的违约金，最少不低于5元/单，最高不超过30元/单（同一支付宝交易号订单）。

至于如何开通指定快递服务，支付宝手机钱包直接扫一扫图2-15的二维码你就可以用进入免费订购页面。

图2-15

值得注意的是，运费模板的名称也是很重要的。因为店铺有大量的商品，可能需要选择不同的运费模板，所以模板的名称要能让自己清楚地辨认。

另外，还要重点解释一下包邮的含义。包邮表面是指卖家愿意无偿提供快递服务，而不收取买家的运费。很多买家喜欢购买包邮的商品。然而包邮其实让买家承担了更多的成本，要相信"羊毛出在羊身上"，尤其是百元以内的商品更为明显。

例如，一件衣服包邮的售价是60元，不包邮的售价是50元，邮费为10元。

买家购买一件时，包邮价为60元，不包邮价为50+10=60元；

买家购买两件时，包邮价为120元，不包邮价为50+50+10=110元；

买家购买三件时，包邮价为180元，不包邮价为50+50+50+10=160元。

假设买家与同事分摊运费，实际单人支出的成本是53.3元。即使卖家没有其他优惠政策，买家也已经享受到了每件6.7元的折扣。可以看出，运费在商品的成本中占有的比例发生了变化，包邮时运费占成本的17%，不包邮时则只占6%。

另外，如果商品包邮，买家则偏向于一次购买单件商品。如果商品价值低，运费占的比重必然会很高；如果连续采购商品，实际支付的快递费则更多。

如果商品不包邮，买家则偏向于一次在同一个店铺购买多件商品以摊薄运费成本。连续采购商品，实际支付的快递费更少，从而减少了整体采购成本，节约了更多的钱。

> **Tips**
> 买家购买包邮商品越多，卖家赚得越多

然而买家往往更热衷于购买包邮商品，所以，你可以迎合买家的这种购物心理而设置较多的包邮商品。

对于退换货物的运费承担问题，淘宝也有详尽的规定。退换货物的责任在买家时（比如买家单方面不喜欢，或者称尺码与描述不符而又提交不出证据等），如果是包邮的商品，由卖家承担初次发货费用；如果是不包邮的商品，则由买家承担初次发货费用和退货快递费用。

由此可以看出，包邮的风险主要有两点：

第一，遭遇退货时，会导致运费亏损；

第二，由于减少了买家责任，退货率会上升，尤其是单价稍高的商品，更容易被无理由退货。

然而，机会总是与风险并存。包邮带来的机会主要有：

第一，增加了商品单价，更利于参与打折活动；

第二，减少了买家责任，能增加购买转换率；

第三，买家一次性购买多件包邮商品时，卖家获得的利润会更大。

退货运费险，是由卖家出资为买家退货时支付的快递费赔款保险。其保费是动态调整的，退货越多，需要支付的保费越多。另外，只要发生付款交易，就需支付保费。因此基本可以理解为"卖家付费，买家受益"。

退货运费险一定程度上保护了买家的利益，让买家购买包邮的商品时毫无风险，从而可以大大提高转化率。然而在买家购物零风险的情况下，买家的无理由退款便可能增加，退款退货的随意性也会增强。

九、宝贝分类

宝贝分类，是你自己根据所出售宝贝的类别对店内产品进行分类，以区别于全网的商品分类。

具体方法是进入自己的店铺首页，在右上角点击"装修此页面"进入页面的编辑画面，然后在"宝贝分类"中点击"编辑"，进入分类管理页面。

分类管理又分为"手工分类"和"自动分类"两种模式。手工分类，是你自己想怎么设置就怎么设置，先添加大类，再添加子类。自动分类又分为"按类目归类（即在淘宝全网的商品类别）""按属性归类（即全网类别下面的属性）""按品牌归类（即属性里面指定的品牌）""按时间价格"四种模式（见图2-16）。

按照时间价格分类可以让买家选择查看"最新上架"的宝贝，即"新品"。

商品分类的意义在于让买家能自行在你的店铺快速查询需要的商品信息，便于其一次性选购更多的商品。

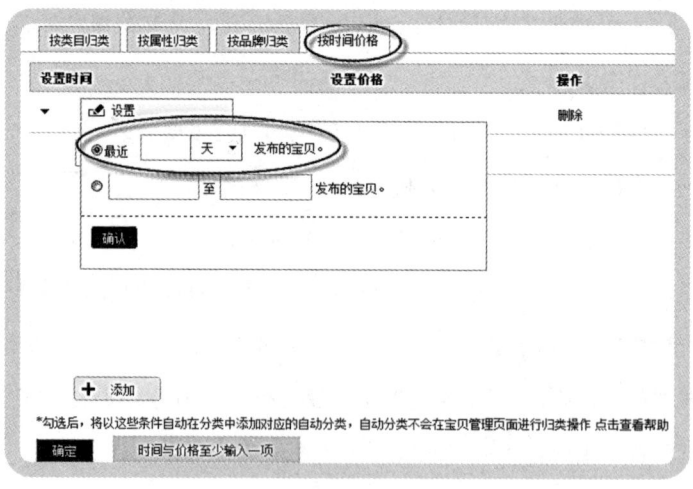

图2-16

十、商品图片

商品图片制作是一门很大的学问，涉及的内容非常广泛，主要包括商品的拍摄、图片后期的加工两大方面。淘宝大卖家往往会聘请专业队伍运作，拍摄属于自己的"实拍保护"图片。因为摄影摄像属于专业技能，后期图片处理也属于专业知识，所以在此不专门介绍。

需要"实时保护"宝贝图片，则进入八载图片保护（www.bazai.com），点击"开通八载"后，按指引操作。

1. 商品图片优劣的评判标准

商品图片优劣的评判标准主要有以下几条：

（1）主体突出。

商品拍摄时所处的环境只可以作为背景，不可以喧宾夺主。

（2）清晰完整。

商品图片像素大于 700×700 时会自动附加放大镜功能。商品图片不可以残缺不全。

（3）吸引眼球。

商品图片与同行的相比，要在拍摄的角度、光线、色彩等方面都更具吸引力。

2. 商品图片制作时的注意事项

商品图片制作有以下几点注意事项：

（1）图片不可斑杂混乱，不可乱加点缀，也不可乱加文字。

不要在图片上面加满大小文字，或者在四周加满文字。淘宝的图片识别系统会自动扫描到这些乱加入的点缀文字，从而在搜索排名时对其进行降权处理。

> **Tips**
> 商品图片忌文字太多，否则会被降权处理

（2）图片比例要适中。

不可改变长宽比例导致图片变形。

（3）多角度展示已经不适用于现在的首图。

以前介绍的多角度展示，是把一个商品的多个角度集成在一张图片上面展示。而如今，淘宝在系统上进行了优化——在商品页面顶部可以放置五张不同的照片，足以实现多角度展示，因此不必再为了多角度展示而缩小主体商品的比例。

（4）图片上面可以适当添加图文，但要保持图片美观。

①添加品牌。突出品牌作用，区别于其他无牌、杂牌商品，适用于大众了解而熟悉的品牌。如商标并非众所周知，则无须画蛇添足。如图 2-17 所示，七匹狼男鞋在图片左上角添加商标标记。

图2-17

②添加促销信息。如图 2-18 所示，添加满减价格促销。

图2-18

③添加赠品信息。如图 2-19 所示，买鞋送鞋油。

图2-19

④添加材料／用料说明。如图 2-20 所示，提示商品有加绒和不加绒两种可以选择。

图2-20

⑤添加功能性说明。如图 2-21 所示，突出"隐形增高 7 厘米"。

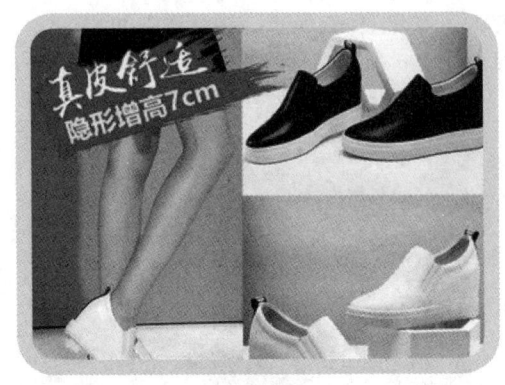

图2-21

下面来看看不合格的图片范例（见图2-22）。

图2-22A的不合格之处在于：主体商品模糊不清，乱加边框点缀，乱加文字，尤其在淘宝里挂QQ号码更不可取。

图2-22B的不合格之处在于：商品主体偏小，背景杂乱花哨，乱加文字且无法辨认。

A

B

图2-22

那么，非专业人员如何才能拍摄出精美的商品图片呢？在这里，简单地做一些提示。

3. 如何拍出精美的图片

（1）用白色作为背景。

使用白色的无纺布作为背景，这样可以省去抠图环节。

（2）注意光线。

保证灯光明亮、均匀，能拍出更好的图片。

（3）使用模特。

尽量使用真人模特，模特最好身材匀称、相貌美丽且上镜。

（4）调整比例。

使用照相机时可以调整设置，比如将拍摄的长宽比例设定为1:1，这样就可以直接上传。

（5）使用三脚架。

拍照时为避免抖动可以使用三脚架。

（6）使用多角度。

每次拍照时从多个角度拍摄多张相片，以便多中取优。

Tips

简单几招，拍出优质商品图片

对于不懂图片后期制作，或者制作图片不够熟练的卖家来说，有两款软件可能会有所帮助。一是Photoshop，它在图片处理软件中排名第一，但是相对比较复杂，一般来讲没有系统学习过的人难以娴熟使用。当然，你可以在百度搜索"PS教程"，选择性地进行学习。二是美图秀秀，是目前比较流行的作图软件，简单易用。

十一、宝贝视频

淘宝为上传宝贝视频的产品自动进行一定加权，对于店铺主推的部分商品，你可以尝试进行视频拍摄，动态展示商品卖点。

1. 了解视频上传的基本方法

第一种方法是，在淘宝助理中编辑，选择视频上传。你要拍摄和编辑好素材，上传到淘宝云存储，这样视频就会出现在素材里面。

这种方法适用于有专业技能知识的视频拍摄、编辑人员操作使用，部分卖家可以使用外包服务方式进行拍摄和编辑。

第二种方法是，先不选择视频商品编辑，直接按照普通方式发布商品，发布成功之后，用专门的工具"淘拍"进行手机拍摄、编辑，然后运用到某个商品中，系统将自动为该商品添加视频。

这个方法适用于卖家自行发布宝贝视频，操作简单便捷。

2. 拍摄视频的前期准备工作

首先，你需要为视频做一个拍摄创意。思考好视频需要播放什么才可以精准吸引买家。创意是视频的灵魂，没有创意，胡乱拍摄，让画面凌乱不堪，还会起反作用。

其次，你需要制订一个比较严格的拍摄时长规划。展示商品的外观，拍摄多少秒；展示模特使用商品，拍摄多少秒；展示商品功能，拍摄多少秒……目前，商品视频最长允许60秒，但事实上，视频长度并不适宜超过30秒。太长的视频，会显得节奏拖沓，内容冗长，买家没有足够的耐心观看完毕。

3. 如何使用"淘拍"为商品加入视频

"淘拍"是淘宝官方推出的免费手机视频拍摄工具，支持手机拍摄、剪辑视频，还预设了脚本、模板，可以让你快速上手。

打开手机版的千牛软件，点击首页右上角的放大镜，搜索"淘拍探索版"点击添加。添加之后，在千牛的首页工作台顶部"全部"—"我的"—"短视频"中可以找到淘拍探索版。

或者直接使用手机千牛扫一扫图2-23中的二维码。

图2-23

打开淘拍，选择"宝贝主图"，点击"拍摄"，按照自己预先设置的创意进行手机拍摄，拍摄完毕进行在线编辑，并保存好视频。拍摄期间是可以暂停拍摄的；拍摄完毕也可以为视频添加字幕、音乐等。按照系统提示，选择该视频运用到哪个商品中即可。

十二、商品扩展信息

1. 库存计数

库存计数主要有两种模式：拍下减库存、付款减库存（见图2-24）。推荐使用付款减库存模式，因为淘宝中存在太多买家拍下不付款的情况。付款减库存有利于账面上的库存数量与实际库存数量相对应。

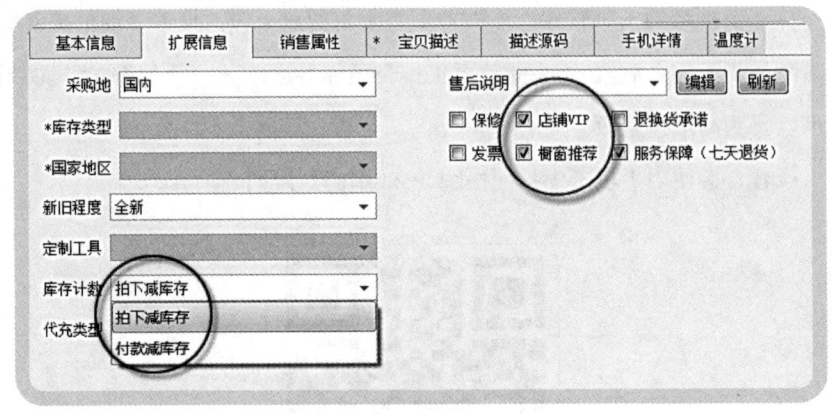

图2-24

2. 店铺 VIP

店铺 VIP，是针对已经在该店铺发生过购买行为的老客户进行打折的一种促销方式。VIP 需要在"卖家中心 >> 营销中心 >> 会员关系管理"中进行设置（见图2-25）。

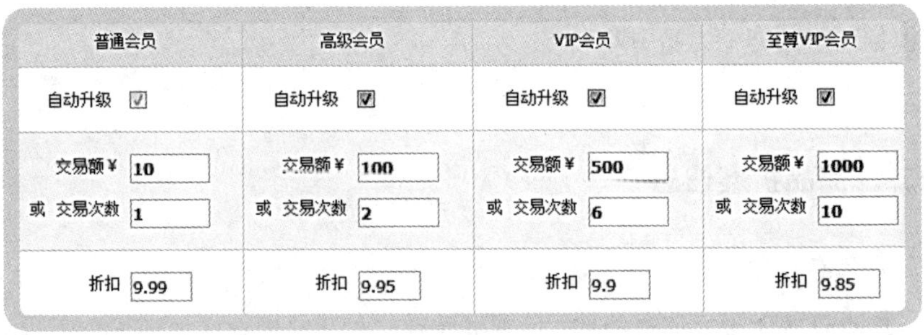

图2-25

设置 VIP 升级节点时，可以适当低一点，以便尽快让买家升级到更高层级的 VIP 会员。否则买家会因觉得升级遥遥无期而选择放弃。设置 VIP 的好处在于，可以获得回头客，让买家重复购买。比如，买家 A 在你的店铺购买商品之后，升级为 VIP 用户，购买 50 元的商品可以减 5 元，那么 A 的同事 B 和 C 就可能跟风购买。而 VIP 减价正好迎合了买家 A 拥有 VIP 账号可以打折的虚荣心理和B、C捡到小便宜的心理。既能让A借帮助B、C代购升级自己的VIP账号,又能让其因相互帮忙而促进同事之间的关系。

十三、橱窗推荐

橱窗推荐曾一度被淘宝作为搜索引擎展示的重要依据。然而随着淘宝对搜索引擎的优化升级,橱窗推荐功能已经被大幅度弱化,对搜索引擎权重的影响不再那么大了。后来,淘宝又对橱窗推荐功能进行了优化升级,同时对橱窗推荐的商品增加了搜索权重。淘宝是想通过橱窗推荐打造一个精品库——每个店铺拥有数量不等的橱窗推荐位,而所有的推荐聚合在一起,无疑就成了众卖家的精品大汇聚。

以前,为了增加橱窗推荐数量,卖家可以使用一个账号同时作为买卖账号,而现在,建议将买卖账号分开使用。也就是说,作为卖家的你,不要使用卖家账号进行购物。因为倘若

> **Tips**
> 建议卖家将买卖账号分开使用,以防遭恶意报复

你在购物时和别的卖家发生了不愉快的事情,对方就可以利用不同IP、不同账号(比如朋友的账号)对你的店铺进行报复,购买你的商品之后恶意给最差的评价。虽然不应以小人之心度君子之腹,但这样的事情无法避免。而只要对方不用同一个IP恶意报复你,你基本上是投诉无门的。

获取新的橱窗推荐位也已经不再受买家信誉度的影响。

橱窗推荐一般锁定人气宝贝和重点培养的拳头商品。以前还会考虑离下架时间最近的商品,现在则无须考虑这一点。

十四、颜色分类

通过颜色分类,可以把一件商品的不同颜

> **Tips**
> 同一件商品可设置不同颜色,并附上对应的图片

色集中发布到同一件商品中以便买家对比和挑选。系统默认的颜色是可以修改的。不仅如此,你还可以给不同的颜色上传对应的图片。

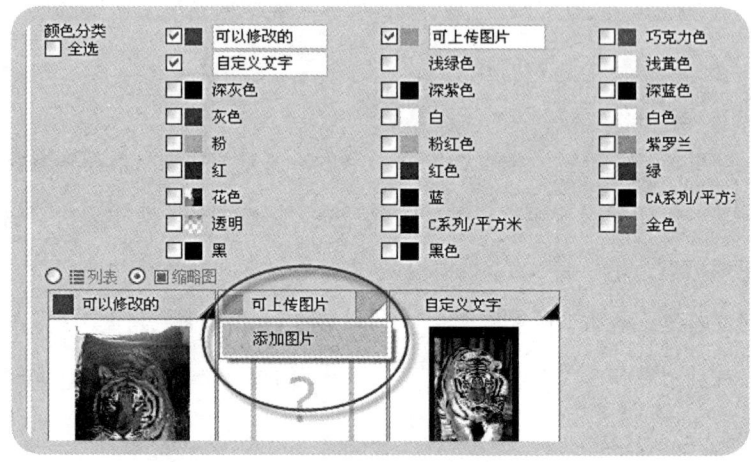

图2-26

十五、宝贝描述

详细地介绍你出售的商品,就是宝贝描述。描述内容过于简单,会导致买家疑问过多,需要通过旺旺在线咨询,从而增加客服的工作压力;描述内容过于复杂,买家就没有耐心看下去,因而即便内容描述面面俱到,买家也还是会通过旺旺来进行咨询。

那么,卖家应该如何填写宝贝描述内容呢?我建议按以下三个层次依次进行描述。

第一个层次,必读信息,即买家必须了解的情况。这些信息应放在描述的最前面。

第二个层次,参考信息,即可能对买家有所帮助的信息。对于这些信息,有的买家想知道,有的买家不想知道,所以最好将其放在中间位置。

第三个层次,其他信息,即辅助买家了解更多情况的信息。

在填写商品介绍信息时，可以按照以上三个层次来分析，这样能帮助你判断产品的所有信息孰轻孰重。

曾经有一位卖品牌保健品的卖家，请我帮他分析一下他的商品描述详情有何不妥之处。他说他的产品绝对是正品，价格比实体店要便宜得多。我进入他的宝贝页面之后，发现他的商品描述的内容确实面面俱到，包括他的手机号码、是否可以优惠、宝贝的营养价值、保健品的种类等。我问他："客户在网上购买你这件产品，除了关注它的价格是否比实体店便宜之外，最关注的是什么问题？"他说："买家最担心的是它的真伪，怕买到假货。"我说："那么，你的宝贝描述里面的第一句话应该是什么呢？很显然，你应该把该产品的真伪验证作为首要描述对象，而不是描述这些商品的营养功效，因为这些内容买家在搜索到你这件商品之前可能早就通过其他渠道了解到了。"接着，我又问他："如果你一开始就做出了真品承诺，或者已经足以让买家相信你卖的是非伪劣品、非假冒品，那么除此之外，买家还会关心什么内容？"他说："通过阿里旺旺对话可以了解到，他们还很关心物流配送问题和买一个疗程的产品是否有优惠。"我说："那么，你应该知道接下来你需要在宝贝描述里面写什么内容了吧？如果你不描述清楚，每个买家都可能会来询问；如果你在线，还能及时回答买家的提问，如果你不在线，无人应答，买家得不到回复就可能去光顾其他店铺了。"

一句话：买家关心什么，你就在商品介绍里面写什么；买家最关心什么，你就把什么写在最前面。

一个有一年以上售前经验的客服，应该可以总结出哪些是买家最关心的问题。在此，简单列举一下最常见的几项。

1. 商品描述中买家最关心的三大问题

（1）商品本身的问题。

买家之所以会对商品本身还存在疑问，

> **Tips**
> 商品描述应涉及买家最关心的三大问题，轻松实现买家自助购物

主要是因为卖家在商品描述中没有区分出重点内容和次要内容,将非常重要的、次要的和无关紧要的内容混在一起,由于信息太多太长,买家没有仔细看完的欲望。比如,你知道鞋类买家最关注的问题之一是什么吗?就是尺码是否标准。鞋类买家最担心的是鞋子合不合脚。所以,如果你是鞋类卖家,应该在描述前说明鞋子尺码是否标准。再比如,手机买家最关注的问题是产品是否是正品,如果有质量问题该怎么办。因此,你需要特别做出正品保障,以消除其疑虑。

(2) 价格优惠问题。

价格优惠的问题即是否可以议价,是否包邮,买多少钱的商品可以包邮,多买是否有优惠,是否有赠品,是否可以抹去零头,等等。

(3) 物流配送问题。

物流配送问题即付款之后什么时候可以发货,发什么快递,以及快递几天可以到达,等等。

这三大问题,可以说是买家最关心的问题。如果放在商品描述的最前面,客服的咨询量必然会大幅度下降。

好的商品描述,可以实现买家自助购物。一般来说,买家都不会像你所想象的那样,仔细看你的宝贝描述内容。你要记住一句话:宝贝描述写得越多,买家看得越少;写得越少,买家看得越多。

买家的自助购物率,是考验描述内容是否优秀的评判标准。如果十个买家九个问,那么你的商品描述肯定糟透了!

2. 快速直达功能

快速直达功能为买家提供了商品描述内容分类,买家可以根据内容导航来获取自己想要了解的内容。比如,在编辑器中选择"详情模板 >> 新建模板",建立一个

Tips

"快速直达"务必涉及价格优惠与物流配送

"物流配送问题"模板,把你的店铺规定和物流运费等有关事宜统一形成文字,再在商品描述中插入该模板。

此项功能升级能有效满足每个卖家不同店铺、不同类别产品的不同需求,让其可以为自己的店铺商品详情页面添加更多元化的个性设置。

图2-27中的各项目可以任意地修改和添加。快速直达功能实际上就类似于网站建设中的"命名锚记",运用非常广泛。

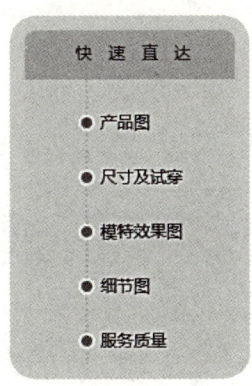

图2-27

新增模板允许使用图片。因此,为了页面的美观性,你可以先编辑好一系列宽度分辨率为750像素的模板导航图用于"快速直达",例如设计一套统一的内容分隔符(见图2-28)。

图2-28

如果出售的衣服尺寸比较正规且统一,服装卖家就可以利用"快速直达"建立一个尺码测量表,在相关宝贝中统一使用该模板(见图2-29)。

如果衣服尺码不统一,则可以建立尺码导航图,插入导航图模板,再在商品描述中加入该服装的尺码实测情况。

请不要过度执迷于在"快速直达"中加入模特实拍、产品细节、服务质量等内容；更不要轻视前面所提到的价格优惠和物流配送问题。如果这两个问题隐藏在详情页的某个角落里，或者根本就没有被提及，对于买家来说将是件麻烦事，而他们遇到麻烦了，必然就会来麻烦你。

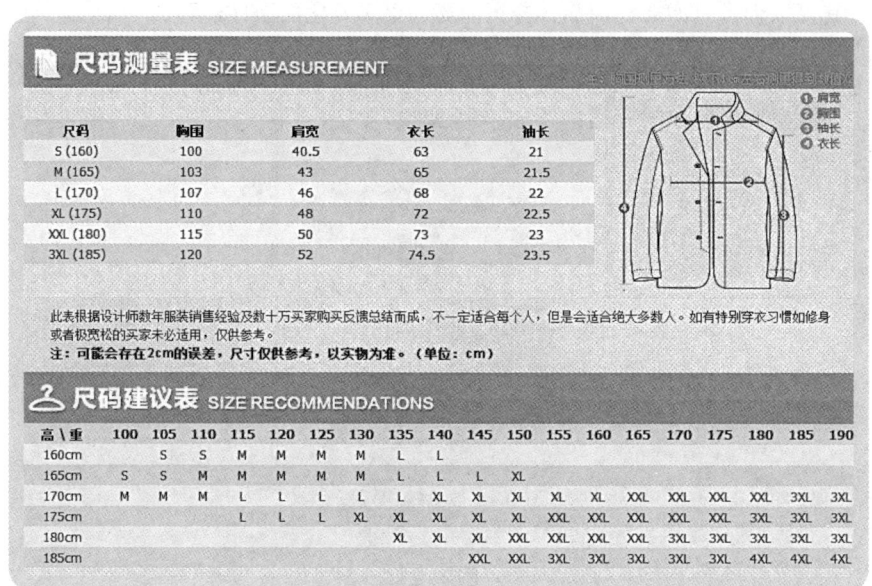

图2-29

所以，在淘宝没有对这两项常规内容做出优化之前，我建议你把它们设置为常规的快速直达内容。你可以为买家购买运费险以提高服务质量。运费险在"消费者保护服务"中申请开通，开通之后即意味着为你店铺的每笔交易进行了投保，系统会自动扣费（见图2-30）。成交的订单发生退货时，保险公司会赔付给买家一定金额的运费。这也就意味着，你无须承担买家退货时产生的运费。如果开通了这项服务，可以在商品描述中提及以强化购买、提高转化率。

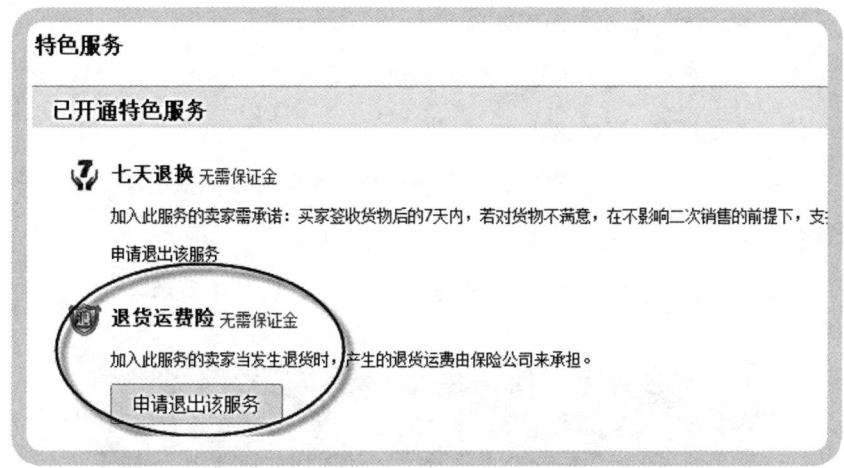

图2-30

3. 商品描述中的广告

在商品描述中植入广告,是卖家惯用的免费内部广告宣传方法。其实,淘宝已经在网页的不同位置进行了内部广告位设置,包括左侧的销售排行榜(自行添加)、右侧的"看了又看"、下方的"看了该宝贝的人还看了""买了该宝贝的人还买了"等内容。所以,卖家在商品描述中不要再过度植入广告,否则会干扰买家对该商品的理解,让其不知道你卖的究竟是什么。如果需要植入广告,建议适当添加"关联套餐广告"(比如衣服套装中卖的是上衣,植入套装中裤子的广告)、"商家主推商品广告""搭配优惠减免广告"等。

> **Tips**
> 在商品描述中植入广告,带动店内销售

当然,卖家不一定要在商品详情中植入广告,还可以选择在卖家服务市场中购买相关的插件服务,来实现广告植入。

策划文案必须根据自己对商品的专业和对买家的心理分析,为产品描述做一些区别于其他卖家的工作,用以俘虏买家。举例说明:

（1）产品功能性的特别解说。

比如，前面提到过识别是否为纯棉棉质的燃烧法。

（2）图文并茂/视频描述试验结果。

比如，买家经常询问棉质 T 恤是否掉色，卖家可以拍摄洗涤结果图片/视频提供佐证。

比如，防刺防压的工作鞋，拍摄视频论证，如图 2-31 所示。

图2-31

十六、手机宝贝描述

如果不对商品进行手机宝贝描述设置，系统将自动调用电脑版描述。但是，单独设置手机商品描述能获得更多的流量支持。在智能手机取代传统手机后，使用手机逛淘宝变得愈加频繁，所以手机流量将大幅度地增长。

屏幕小是手机固有的特性，所以，你在填写手机描述时，更要花费心思去考虑买家真正需要了解的信息究竟是哪些，精练语言文字将会让你受益。

手机商品描述也有众多的表现方式，主要包括音频、短描述、图片和文字块等。通过使用"文字块+图片+文字块"的形式，可以实现图文并茂的效果（见图2-32）。

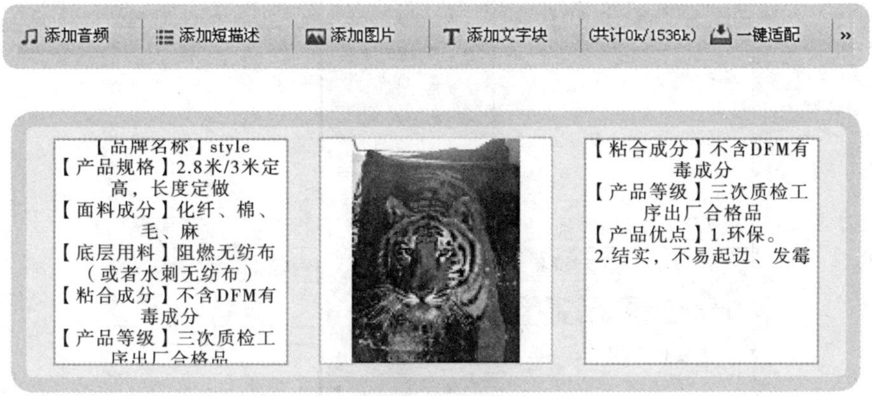

图2-32

编辑完成后，可以通过模拟方式预览效果。

与电脑版宝贝描述相比，手机版宝贝描述更需要遵循区分商品详情的三个层次原则，尽量做到必要说的简洁地说，不用说的直接不说。另外，因为买家不可能全部使用Wi-Fi上网，在流量收费的情况下，过多的图片不仅可能致使网页下载速度过慢而造成图片无法显示，而且会浪费买家太多流量，导致买家弃你而去。

Tips

单独设置手机商品描述，可获得更多流量支持

十七、商品的模板复制与批量编辑、导入、导出

淘宝助理还提供了其他一些辅助功能。这里主要谈一下模板复制、批量编辑，以及导入与导出CSV这几项（见图2-33）。

图2-33

利用模板功能,你可以精心准备一件商品,完善所有的属性设置等内容。然后,在需要添加第二件同类商品时,你只需右键复制该模板,再粘贴,并根据第二件商品的个性情况,修改对应的值,保存上传即可。这个功能非常简便、快捷,可以大幅度减少上传商品的时间。

批量编辑可以实现对商品的众多属性值进行统一的更换。如上年度上架的商品,要改为本年度的年份,就可以通过"查找并替换"这个功能批量一次调整好。

CSV 文件往往运用于代销系统中。供应商编辑好商品所有的属性值,然后批量导出 CSV 文件,提供给代销卖家下载。代销卖家再通过淘宝助理的导入 CSV 功能把供应商的产品全部导入到自己的淘宝助理中。这样便省去了代销卖家重复而烦琐的产品上传工作,从而能迅速开始销售。

> **Tips**
>
> 巧妙利用淘宝助理辅助功能,让你事半功倍

第五节　傻瓜式的店铺装修

店铺装修根据收费形式不同分为免费版（基础版）、专业版、智能版和天猫版几个版本，根据访客浏览工具分为电脑端和手机端装修。

一、电脑端的店铺装修

1.店铺招牌的装修

店铺招牌并非简单地理解为店铺的名称。电脑端访问商品详情页时，店铺招牌必然会出现在店铺上方，所以对于电脑端访客而言，店铺招牌的出镜率最高。

店铺招牌装修包括以下内容：

（1）常规性买家提问：这样可以让访客大大减少发起旺旺对话的行为，直接完成下单付款。

（2）促销信息：店铺优惠资源、满减、赠品、优惠券自助领取等优惠信息。

（3）主打商品：凸显主打商品的性价比优势，增加访客二次访问的页面浏览量（PV）。

（4）指定搜索：设定某关键词，为买家提供本店搜索服务。

（5）品质承诺：品牌效用和品质保证，售货保证服务。比如吸睛售后：一年内只换新不维修等。

2.店铺导航的装修

店铺导航默认紧贴店铺招牌下方，简单地理解为为访客指路的地图，电脑端访问随店铺招牌一起出镜。

导航装修可以选择以下内容：

（1）店铺产品的分类：所发布商品的分类信息，这也是运用最广泛的方法之一。

（2）自定义导航：自定义导航可以链接到自定义网址，比如，你可以发布促销页面、爆款页面。

3. 首页装修

首页装修指的是输入淘宝店铺域名，展示给访客的第一个页面。一般首页需要按照一定顺序呈现给买家。

首要展示：店铺爆款、主推商品组合、促销优惠信息是最重要的，需要展示在顶部。

次要展示：其他每个类别的主推商品、店铺分类、品质承诺等均位列第二，根据卖家的思路进行设计排版。

这里建议卖家在首页推荐商品时不要把单件商品图片做得过大。访客所使用的电脑和浏览器各有不同，均会造成一屏幕内容显示高度的不同，如浏览器上面加载的插件多少直接影响了一屏幕剩余的显示高度。卖家将图片做得过大，可能会导致部分访客的显示器屏幕无法加载完毕整体效果。

二、手机端的店铺装修

1. 手机端店铺装修

手机淘宝首页提供了 N 个模板，直接把需要的模板拖拽到右侧布局中即可进行编辑和设置。模板分为宝贝类、图文类、营销互动类和其他类。

2. 如何发布微淘

微淘（we.taobao.com）出现在手机淘宝店铺首页下端正中间导航位置，类似于微博，你可以通过微淘发布动态，和买家进行互动。目前微淘的卖家后台名称为"阿里创作平台"，卖家登录平台可以选择发布微淘作品，主要分为以下几类作品：帖子（清单）、上新、短视频、图片、单品、互动、转发、买家秀。

3. 商品详情页"问大家"功能介绍

淘宝"问大家"是商品页面中的一个插件，它可以通过买家之间的互动让访客了解商品更多的性质。

"问大家"显示在详情页之上，在宝贝评价之下，占据了重要的位置，是对买家评价的一种补充；并且显示提问的问题标题，起到了一种引导追寻答案的作用。

第六节　包装与物流：怎样打包又快又便宜

商品包装发货，要特别注意三点：要保证货物相符、数量准确，要避免包装商品在运输途中损坏，要尽量减少包装成本。

一、严格管理出库流程

在实际交易过程中，经常会出现买家购物数量与卖家实际发货数量不相符的情况。除了常见的实发数少于下单数的情况以外，还存在多于下单数的情况。这不仅仅表现在同一个包裹中货物多发上，还表现在卖家重复发货上。倘若你给买家少发了货，他们会很生气地找你理论，你不光要补发货物，还得向对方赔礼道歉；而如果是给买家多发了货或重复发货，买家多半不会吭声。很明显，无论是哪种情况，都会给卖家造成不便，并造成经济损失。

发生这样的情况，只能说明卖家在管理上存在漏洞或缺陷。只有执行严格的发货流程，才可能减少错误的发生。

1. 打单

淘宝助理提供了订单下载、发货单打印、快递单打印、批量发货等功能。其中，发货单可以作为出库单使用。下载订单后，系统会自动区分"有无留言/备注"。之后的处理程序可以细分为以下四步。

第一批处理程序：操作人员先批量处理"无留言/备注"订单，完成发货操作之后，再对"有留言/备注"的订单进行审核。图2-34中的卖家旗帜，是在线客服修改的备注信息。

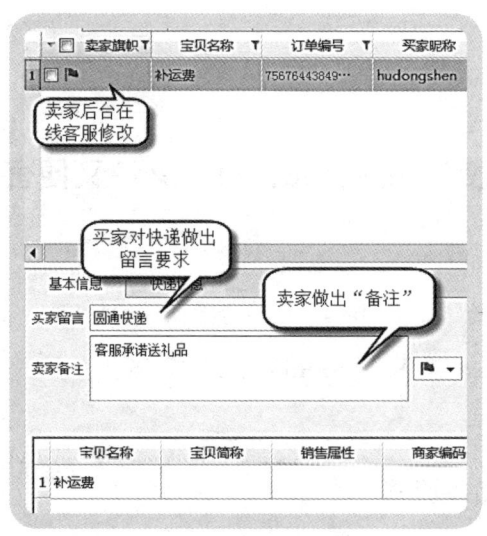

图2-34

第二批处理程序：主要指审核留言/备注工作。打单人员需逐个检查订单的买卖双方留言，看到对快递有要求的则不要勾选，对快递没有特别要求的则直接勾选。全部审核勾选完毕之后，执行批量操作直至完成发货操作。原则上，这部分快递面单打印出来之后，需要由打单人员在面单上签字进行二次确认，之后方可放入第一批面单中。

第三批处理程序：勾选买家有指定要求快递留言，且该快递为合作快递的订单，进行发货操作。

第四批处理程序：剩下的订单就是买家指定了快递，但无合作的订单，需交由客服与买家进行沟通后发货，确定方案之后再进行操作。

留言/备注审核需要判别有无实际意义，无实质意义的（如"注意品质""尽快发货""我是狮子座"等）按照无留言/备注一并处理；有实质意义的（如卖家承诺有多种赠品可选时买家的选择，或者买家需要发票等）则分开码放。单据流转至拣货工序时，拣货人员需逐个检查留言内容后再进行拣货。

> **Tips**
> 打单分四批处理，从源头防止发货出错

2. 发货单与快递面单装订

按照打印顺序，将发货单和打印好的快递面单进行校对并装订后，流转到仓库分拣货物。有发票要求的，同时打印发票一起装订。

3. 分拣

分拣人员先核对装订的发货单和快递面单是否一致，再依次进行货物分拣，连同单据流转至打包工序。

4. 包装

分拣后的货物，先由包装人员校对实际数量及货物编码是否与单据上的相符，再进行称重；然后在发货单上签字并记录重量后封装货物，再贴上快递单。发货单可以不随货物发给买家，要作为出库依据，并按照日期、订单顺序等进行装订和保存以备查。部分买家所购货物是作为礼品来送人的，或者是为卖家代销货物，都不希望显示价格，因此这类买家的包裹中禁放发货单。而且，发货单对于买家来说本就毫无意义，所以无须发给客户。另外，仓库重地建议安装摄像头进行监控，并对称重处进行重点监控，待买家反映货物短缺时，调取发货单查阅记录的重量即可查实。

二、包装常用辅料

快递通常使用的内包装为OPP透明胶袋，厚度为3丝，需自粘封口。长宽超过50厘米的货物，一般使用PE材质胶袋，其韧性比较高。

外包装材料通常有：

1. 破坏性快递袋

一般情况下，快递费用中已经包含了快递袋的成本，卖家可以找快递公司索取。建议将快递单粘贴于快递袋自粘胶封口位置。其主要适用商品类别为服装、小型家纺等。

> **Tips**
> 不同材质的包装适用于不同类型的商品

2. 单瓦楞和双瓦楞纸箱

小型纸箱可以用单瓦楞（三层），中型纸箱则需要用双瓦楞（五层）。纸箱配以透明胶进行封口，再用切割器进行透明胶分割。纸箱包装适用于大部分商品类别。如纸箱比较薄，则可在纸箱外加套快递袋。很多标准化包装的商品本身已经有结实的纸箱外包装，只需在外面加套塑料袋或者三层薄纸箱保护即可。

3. 编织袋

编织袋封口需要用粗线进行手工绞包或者电动封口。其主要适用商品类别为毛绒玩具、家纺产品等。

4. 木架箱

体积较大、容易破损的商品需要打木架箱来进行专门保护，需用到的原料、工具有木线条、气泵、木工射钉枪、射钉等。其主要适用商品类别为电器、灯具、瓷器等。

三、如何避免商品在运输途中损坏

快递分拣是出了名的"硬暴力"。要避免商品在运输途中遭到损坏，就必须给商品进行合格包装。

防震包装辅料主要有泡沫板、泡沫箱、气泡膜、填充料、空气袋、奶粉气柱袋、气泡信封等。根据商品类别的不同，采用不同的缓冲抗震辅料进行包装。

纸箱包装使用透明胶封口时，还应根据纸箱的大小采取不同的封口方式。常用的封口方式包括一字形封口、十字形封口、工字形封口和王字形封口等。采购纸箱之前，应使用样品做一次摔箱测试，检查其边、面、角是否存在损坏的情况，再决定是否进行批量采购。

四、如何减少包装成本

小卖家受自身发展水平所限，为了减少包装成本，经常会选择使用再生资源。这的确可以节约不少的成本，但是，使用再生资源一定要注意保证干净、卫生。我曾经在一次淘宝官方活动中购买过一只飘逸杯。当我收到包裹时，发现外包装纸箱明显属于收购而来的、重复使用过很多次的纸箱。对于这一点，我还并不是很介意，只要里面有第二层正规包装即可。然而，当我打开包装之后，却愤怒地发现卖家居然使用那种从垃圾堆里找出来的泡沫板作为防震材料放置在口杯四周。这些泡沫板上到处是污渍、泥印。我不明白这样的卖家究竟是怎么想的，你这么干，还让不让人用你家的口杯？记住一点，再生包装辅料并不适用于所有商品类别，尤其是食品类货物。

> **Tips**
> 采用合适的防震包装辅料与封口方式，避免商品在运输途中损坏

作为卖家，我也曾为外包装纸盒苦恼过。有一次，我去实体商店购买皮鞋，之后便和鞋店的老板娘聊起天来。我调侃老板娘说："你家里堆了那么多皮鞋纸盒，怎么不拿去卖钱呢？"老板娘笑着说："那能值几个钱？经常是这个人要几个那个人要几个，就这么给别人了，反正放这里也占地方。"于是，在很长一段时间内，我一直都免费使用她家的皮鞋盒子作为外包装盒。虽然我也曾有意出钱购买，但这位老板娘却从来没有收过我一分钱。这是不是一个不错的解决纸箱采购的办法呢？

> **Tips**
> 我曾有很长一段时间免费使用一家鞋店的纸盒作为包装盒

既然快递袋已经由快递公司负责了，那么，有的商品需要防震材料时，也只管找快递公司开口。因为快递公司会把防震材料回收后重复利用。

当然，网店发展到一定程度时，就需要特别注意自身形象了。这时候，你可以在淘宝上购买包装材料，也算比较经济实惠。很多这类卖家不仅提供现货销售，还提供定做服务、印刷服务等。

综上所述，包装省钱的秘诀就是要么想办法拿免费的用，要么在淘宝上淘便宜货。

第七节　代理与代销：教你"空手套白狼"

这里给大家介绍一个代理销售女鞋的平台。注册成为这个平台的会员，并绑定淘宝卖家账号之后，平台内上架销售的女鞋可以自动同步到你的淘宝店铺。如果你的淘宝店成功获得了订单，那么你可以再回到代理平台，通知指定人员去批发大市场拿货，并按照你的地址和指定的快递公司发货，这种形式便是"一件代发"。

一、代理平台网址

该平台成立于2009年，是一家综合型的电子商贸平台，整合了坐落于四川成都北星干线旁金牛区和新都区交界的大型批发市场国际贸易城的鞋类资源。

该平台和作者无任何关系，使用该平台涉及订购增值服务，如需要获取平台网址，请使用QQ手机版扫描图2-35的二维码。

图2-35

据该平台不完全统计，截至2018年，平台注册供应商超过5万家，采购服务商超过50万家，日均首发新款超过2000款，单日发货量超过12万单，全年通过该平台出货数量占淘宝女鞋类10%。

二、入驻代理平台的准备工作

请在加入该平台之前做好以下准备工作，包括（但不限于）：

（1）成功开通你的淘宝店铺，获得店铺域名。

（2）进入店铺装修，选择风格进行基本装修。

（3）查阅相关资料，了解女鞋的基础知识。

女鞋相关关键词有：大底（真皮大底、橡胶底、皮浆底、牛筋底、千层底、泡沫底）、内里（皮里、PU、绒布料）、面料（皮料、布料、PU、超纤）、鞋跟（平跟、低跟、中跟、高跟、特高跟、坡跟、无跟、松糕跟、细跟、粗跟、酒杯跟、马蹄跟、异形跟、锥形跟、镂空跟）、中底、防水台（内水台、外水台）、帮面皮料（牛皮、小牛皮、羊皮、猪皮、马皮、骡皮、鹿皮、蛇皮、漆皮、打蜡皮、水染皮、油皮、擦色皮、绒面皮、磨砂皮、猄皮、摔纹皮、头层牛皮、二层牛皮、三层牛皮）、单鞋、棉鞋、凉鞋、布鞋、休闲鞋、运动鞋、时装鞋、高跟鞋、靴子、家居鞋、拖鞋、高尔夫球鞋、技师靴、矫正鞋、安全鞋、棒球鞋、帆布鞋、功夫鞋、尖头靴、圆头靴、小尖头靴、皮靴、布靴、毡靴、高靴、中靴、矮靴、短靴、中靴、长靴、雪地靴；浅口、深口、褶皱、皮毛、圆头、尖头、铆钉、镂空、包头、套趾、露趾、夹趾、鱼嘴、绑带、网面、塑料、镜面羊皮、缎面、麂皮、亮片、麻绳底台、草席底台、高帮、低帮、靴帮、T形绑带、交叉绑带、丝带、搭扣、水钻、串珠、链子、拼色、糖果、纯色、铆钉、流苏、前后绊带、后绊带、脚腕绊带、魔术贴、拉链……

> **Tips**
> 入驻代理平台的准备工作要充分

这些并不限于淘宝系统属性关键词，还包括其他一些专业关键词。也许你穿了几十年鞋，却从来没有关注过这些知识。以前你可能只管出钱买，而现在作为一个卖家，你就不得不知道这些。比如对于最简单的关键词"头层牛皮""二层牛皮"，你在开店之前是否已经彻底明白是什么意思？头层牛皮是牛身上的皮，表面有原始的皮肤特征。按等级区别，头层牛皮中最好的是小牛皮，第二等是全粒面皮，第三等是修面皮，第四等是软面皮，最次的就是碎皮。二层牛皮则是将头层牛皮的边角料打碎，按一定比例加入树脂制成皮浆，然后用机械压延的方法做成一张张的"皮胚"，再经涂饰，经过湿法或干法覆合上PU薄膜加工而成。部分销售人员称其为整张大皮。二层牛皮使用久了，皮料会发生龟裂，严重的还会断裂。作为卖家或客服，如果不明白这些，你能轻松地向客户解释清楚吗？

（4）设置店铺宝贝分类。

分类需按照一定的规则，你可以根据女鞋类别设置自己店铺的分类。比如按照夏季用鞋可分为凉鞋、拖鞋、帆布鞋、单鞋等，按照鞋跟可分类为坡跟、中跟、低跟、高跟、松糕跟等；当然，你也可以进行个性化分类，比如机车族、宅女族、上班族、运动族等；或者按照鞋子的用途分类，比如运动、休闲、结婚、晚宴、约会等。另外，还可以按照身份角色进行分类，比如孕妇、学生、白领等。前期对店铺商品做好分类非常重要，否则在商品发布之后，再去调整分类就会特别麻烦，因为这时候你需要逐个进行修改。

（5）注册代销平台会员。

（6）付费订购卖家服务市场中一个月时长的该代销平台的增值服务（非必须购买）。

具体付费流程为：先打开网址进入代销平台，再点开任意一个商品，点击"发布到淘宝"按钮，则会出现如图2-36所示的提示信息。

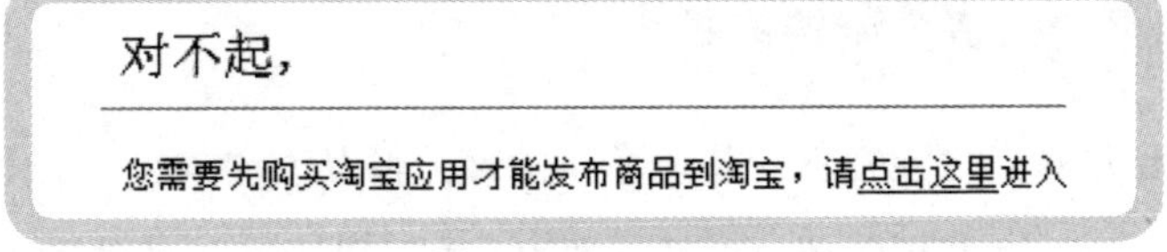

> 对不起，
>
> 您需要先购买淘宝应用才能发布商品到淘宝，请点击这里进入

图2-36

然后等待系统自动跳转到淘宝卖家服务的购买地址。可以先订购一个月

的默认收费项目（见图 2-37），以便运用于平台的商品发布。

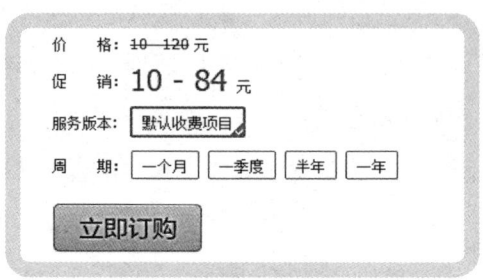

图 2-37

三、了解代销平台的供货安全

代销平台实质上是一个供生产厂家入驻发布商品，供淘宝卖家下载发布商品的平台。这些厂家云集国际商贸城，在市场内付费开设有实体店铺门面，在平台内上架自家生产的女鞋供淘宝卖家下载发布到自己的淘宝店铺中。

需要特别指出的是，代销平台限制了供货商的准入，即未入驻市场门面的会被挡在代销平台之外，或者门面到期不续租的也禁入代销平台。平台也为其他非生产区厂家提供了"网货街"外部商家服务。

为淘宝卖家提供拣货服务的"一件代发"服务商家，也在代销平台缴纳了保证金。卖家卖出鞋子之后，可以联系这些担保发货服务商家去国际商贸城对应的门面拿货，并通过快递发出。

四、代销平台的资金流转模式

该平台并非支付宝担保交易平台，除部分商品有"安全担保代发"外，其他代发货是不对拿货资金做担保交易的。你可以通过在平台充值资金，让资金在平台内运行，找平台官方认证和官方指定的代发人员进行发货。平台后台提供完整的资金记录，如图 2-38 所示。

国际商贸城代发	订单支付330.99元	订单	余额支付
官方代发go2	订单退款330.99元	退款	余额支付
官方代发go2	订单支付330.99元	订单	在线支付
hudongshen	提现申请成功,冻结153.99(k▇▇▇▇53.99,20170103570145749,20170103085427)	提现	余额支付
Zeroth	订单被取消,退还已支付金额153.99元 DH170102001839	退款	余额支付

图2-38

因此,当要发货时,作为买家,你需要自己使用QQ联系"一件代发"商家。代发商家会给你一个电子表格,你依据订单里的信息填写好电子表格回传给代发商家,并使用支付宝的即时到账功能一并支付"女鞋拿货成本+代发工资+指定快递费用"三项费用。代发商家会在打印订单和快递单后安排人员去国际商贸城提货、发货,并将快递单号提供给你,以便你上传到淘宝物流系统后台。

那么,你的鞋款直接打给了代发商家,平台又如何保证你的资金安全呢?

请注意,该平台提供的代发商家都是缴纳了保证金的,对于代发商家的客服QQ都有明确的显示,如果淘宝卖家和代发商家发生资金上的纠纷,可以向平台申请投诉。

如果代发商家申请退出平台,网站上也会公告显示,与之有关联的卖家便需尽快处理好相关的资金问题。

五、代发商家的权利与责任

代发商家可以要求卖家先打款后发货,并收取代发费用。

代发商家需承诺:由质量问题、发错产品、发错鞋码,以及《国家新三包法》"鞋类产品三包服务明细"范围内的其他情况所引起的退换往返邮费,由代发服务商承担。

六、免费使用代销平台服务

下面介绍代销平台的免费使用操作方法。

1. 选择商品
在代销平台中选择中意的女鞋。

2. 下载图片包
打开女鞋商品页面,点击"下载图片包"进行下载(见图2-39、图2-40)。

图2-39

图2-40

3. 解压缩图片包

如图2-41所示,图片包中包含了数张图片,以及一个文本文档。图片是用来作为淘宝商品的主图和用在商品描述里的,文本文档则包含了此款女鞋的详细参数信息。

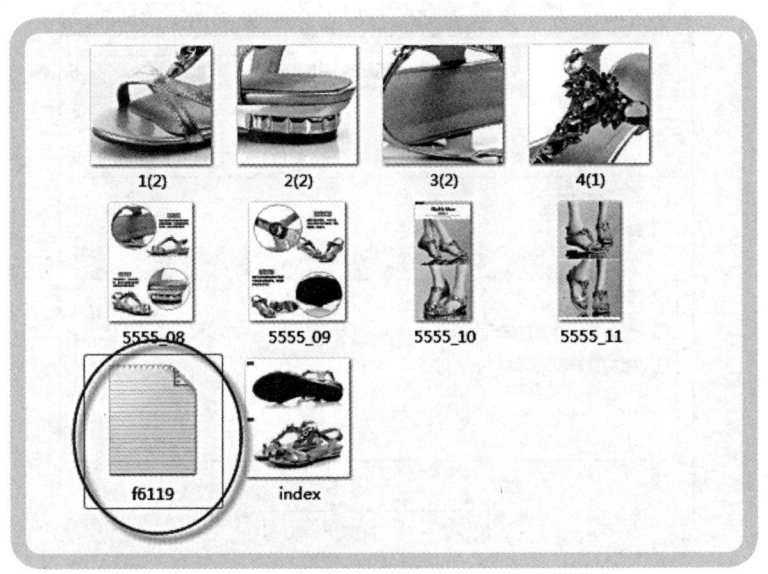

图2-41

4. 填写信息

打开淘宝助理,新建商品,填写完整的女鞋资料。

(1)创建宝贝,选类目(见图2-42)。

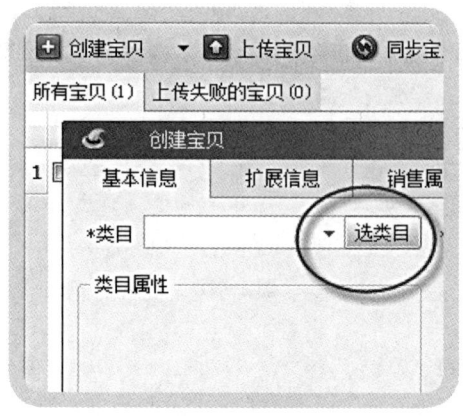

图2-42

输入"凉鞋"后选择"女鞋 >> 凉鞋"类别(见图2-43)。

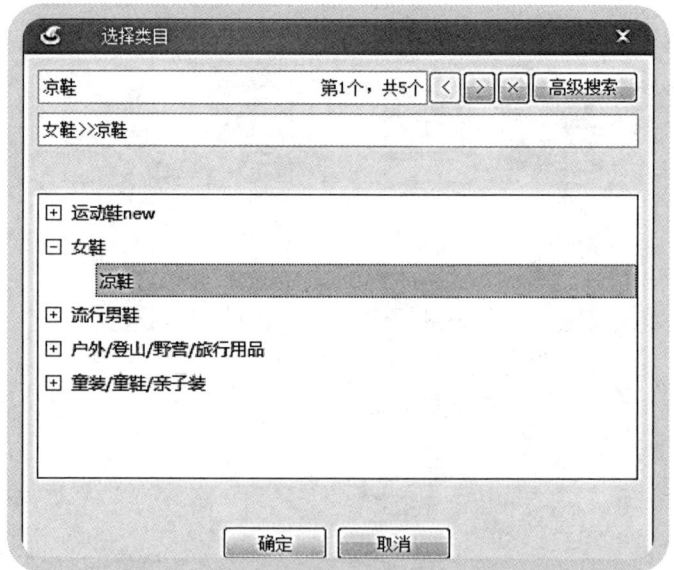

图2-43

(2) 打开解压缩文件里面的"f6119"文本文档(见图2-44)。

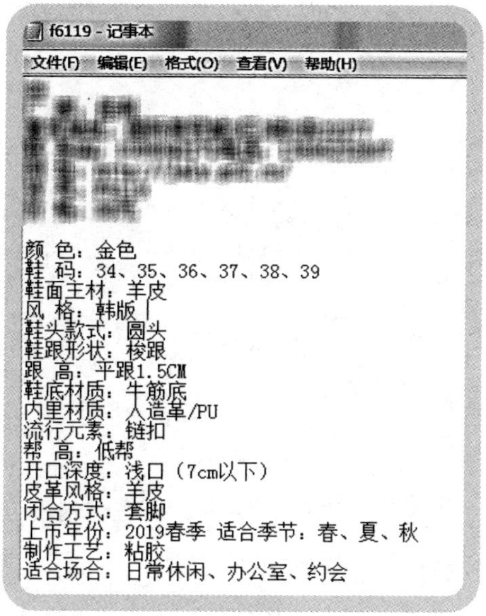

图2-44

按照文档里的属性信息，对应淘宝助理里的类别属性，填写好完整的资料（图2-45）。

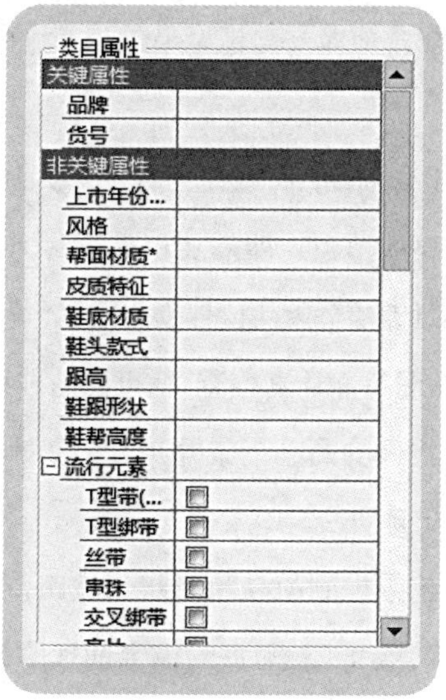

图2-45

如果找不到对应的属性，可以回到代销平台网页中查看商品详细信息（见图2-46）。

商品详细信息

上市年份季节：2019年夏季	风格：欧美	帮面材质：羊皮
皮质特征：软面	鞋底材质：牛筋	鞋头款式：露趾
跟高：低跟	鞋跟形状：坡跟	鞋帮高度：低帮
后帮：脚腕绊带	侧帮：空	闭合方式：丁字式扣带
图案：纯色	制作工艺：胶粘鞋	适合场合：办公室
流行元素：T型绑带	颜色：金色	尺码范围：34,35,36,37,38,39

图2-46

例如文本文档中没有提及"皮质特征"，而在代销平台上该商品的详细信息中可以看到其皮质特征为"软面"。

关于上市年份的说明：鞋类产品并非最新年份才会获得好销量，有的经典款，上市年份是很早的，但依旧可以保持销量。

对于年份的处理方法：直接按照上市年份上传商品：商品标题加入诸如"经典款"关键词。如该款女鞋为2018年厂家发行上市，到了2019年时被你看中准备上传到淘宝，那请勿在商品标题中添加2018的年份字样，加入"经典老款"即可！

人为修改上市年份上传商品：买家并不清楚真实上市年份，可做新款发布。

另外，还有特别重要的一点，即需要根据图片来检查属性是否正确。厂家负责的话，对每个属性都会准确填写；如果不负责，对某些属性就会乱写一通。如果你不细看商品图片并认真检查，就可能造成商品描述和图片不一致，淘宝商品管理系统就会将你的商品下架并扣分，买家也可能因为商品描述不一致而提出退货或产生交易纠纷。

例如，下载的文件包中提到的鞋跟形状为坡跟，而图片中显示的鞋跟形状为方跟，这时，你就需要纠正信息并对淘宝助理的类别属性做相应的修改。

图2-47中的"货号"是非常关键的一个属性，必须按照下载文件包中的

资料填写，并注明厂家和商品代码，否则卖出去之后，你就无从得知厂家和商品资料。

（3）填写商品的名称。

先在淘宝首页搜索框中输入"凉鞋 女"，查看系统自动显示的关键词。

此款商品流行元素为"水钻""纯色"，你可以先锁定关键词"凉鞋 女 新款 水钻纯色"，再填写后面的关键词。

从热门搜索中可以发现，符合此款女凉鞋的关键词有"学生""夏""韩版"；再从女鞋的关键属性中，提炼出关键词"低跟""露趾""羊皮""真皮"。现在得到的关键词为"露趾凉鞋 女夏新款 水钻纯色 学生韩版 羊皮真皮"，还可以继续填写以扩充关键词数量。

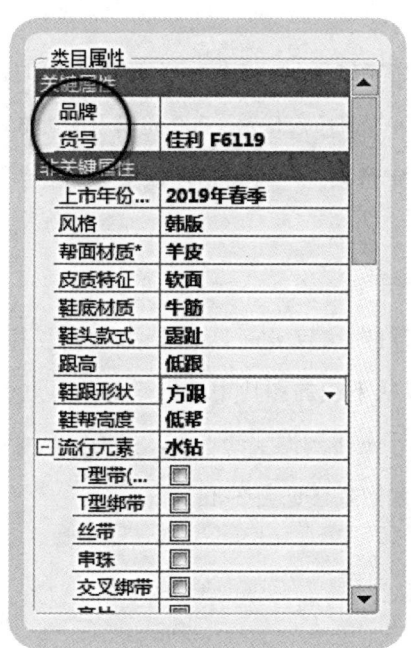

图2-47

其他关键词不一而足，一般主要针对热门搜索而定，比如可以是"甜美""淑女""台湾风"等风格系列关键词，也可以是"约会""休闲""宴会"

等功能性系列关键词，还可以是"软皮""牛筋底""丁字扣带"等商品属性关键词。这样最后就可以得出一系列关键词——"露趾凉鞋 2019 夏新款 水钻纯色 学生韩版 羊皮真皮 台湾 甜美 约会"。

假设产品拿货价格为 88 元 / 双，一般情况下，你至少应该提价 30% 以上进行销售，即不包邮价格不低于 114.4 元，包邮价格不低于 124.4 元。然后再根据实际情况，按照统一定价模式来进行浮动调整。

价格基本上是卖家自己定的。当买家提出要求折扣或者发生其他情况时，你需要一看到零售价格就能快速算出拿货价格来。

> **Tips**
> 掌握一种合理的零售价格制定模式

比如以定价公式计算：销售价格 = 拿货价格 ×1.3 + 附带尾数。

其中附带尾数的价格区间为：拿货价格在 50 元内的为 5 元，50～100 元的为 15 元，100～200 元的为 25 元，300 元以上的为 35 元。

因此，按照以上定价模式，可得出本款女鞋的零售价格为 129.4 元，不包邮。

（4）编辑并上传图片。

因为代销的卖家可能比较多，必要的话，为了与其他卖家的商品主图区别开来，你还可以从下载的图片中选出一部分再进行编辑。

先选取部分图片，上传到淘宝助理中，作为商品主图。然后选择部分细节拍摄图片，作为附加图片（见图 2-48）。

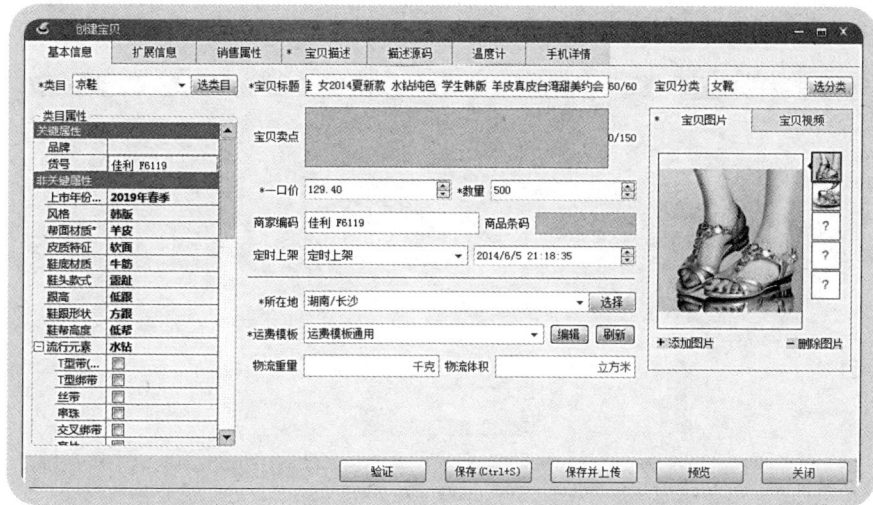

图2-48

（5）设置"销售属性"。

先设置颜色。将"军绿色"改为"金色"。可以点击金色右侧方框"添加图片"（见图2-49），单色金色可以不添加图片，表示商品色即为主图色。

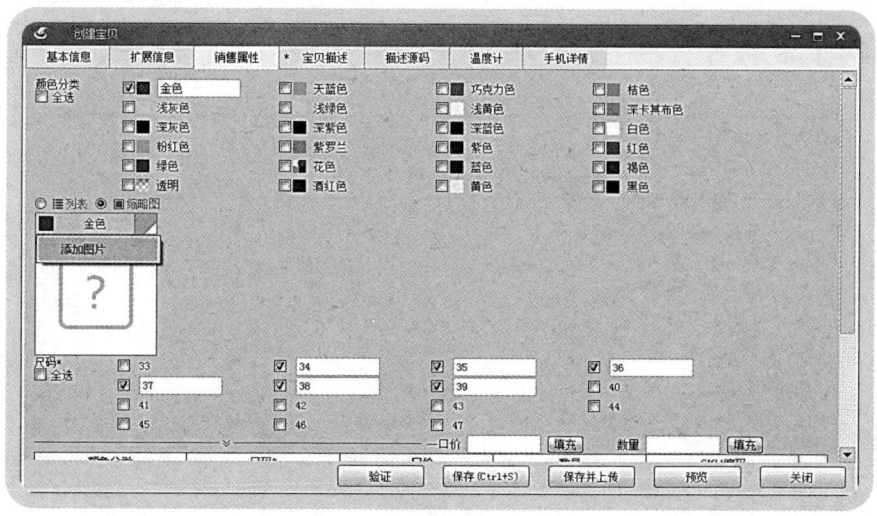

图2-49

再设置尺码。依据下载文件包中的女鞋尺码勾选对应的尺码，并填写价格与库存数量（见图2-50）。

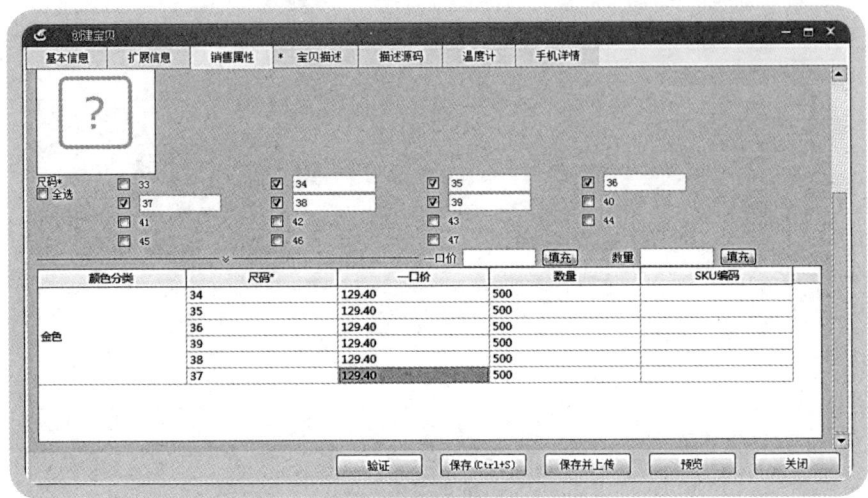

图2-50

（6）添加宝贝描述。

可按照本书之前介绍的方法重新填写，再偷懒也不能完全复制文本文档中的文字直接粘贴到描述内容中（见图2-51），至少应该去掉里面只应由你看到的内容。

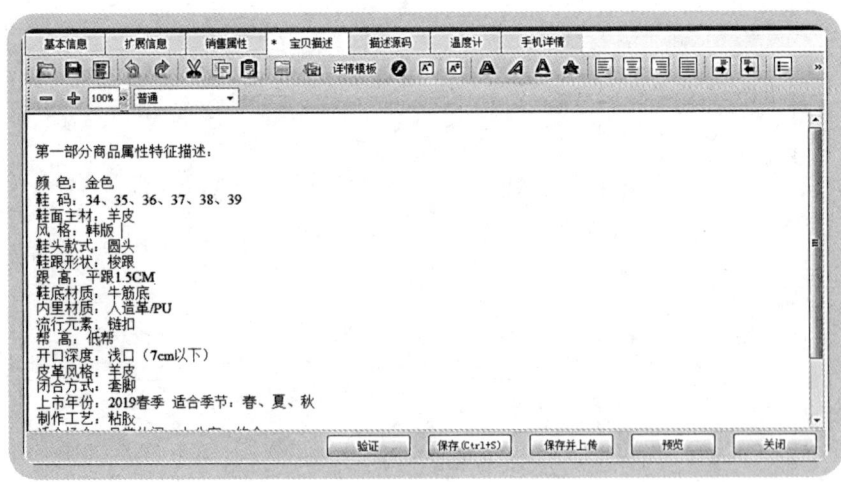

图2-51

(7)设置手机详情。

可根据实际需要添加音频、短描述、图片、文字块等(见图2-52)。

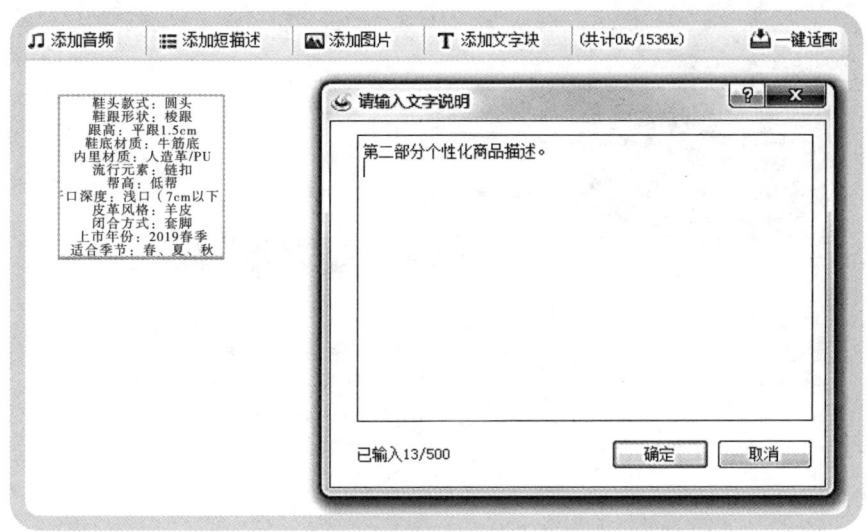

图2-52

你要相信,只有写出和别人不同的商品描述才是个性化洋溢的表现。如果每位店主都一成不变地复制和粘贴书中列举的商品描述内容,那么,这样个性缺失的商品又能有多少成交量呢?对别人的销售情况不要羡慕、嫉妒,你只有踏踏实实地做好个性化的自己才可能鹤立鸡群、独占鳌头。

5. 上传商品

编辑完所有内容之后,选择该商品进行上传,即可以在"出售中的宝贝"中查看到该商品了(见图2-53)。

图2-53

七、付费使用代销平台服务

如前文图 2-37 所示，请先订购卖家服务默认收费项目，你可以先尝试订购一个月。在不确定这个平台是否能满足你的需求之前，最好不要勾选"自动续费"（见图 2-54）。

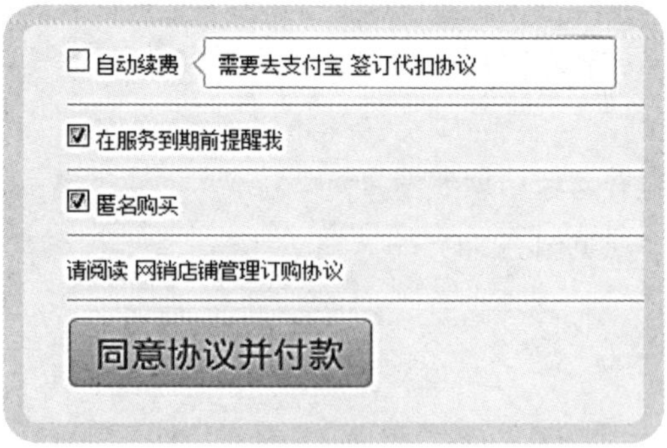

图2-54

成功支付服务费用之后，你可以点击订购的服务进行授权（见图 2-55），授权成功后，页面会自动跳转到代销平台。

图2-55

你可以在该平台选择满意的商品，再点击"发布到淘宝"（见图2-56）。

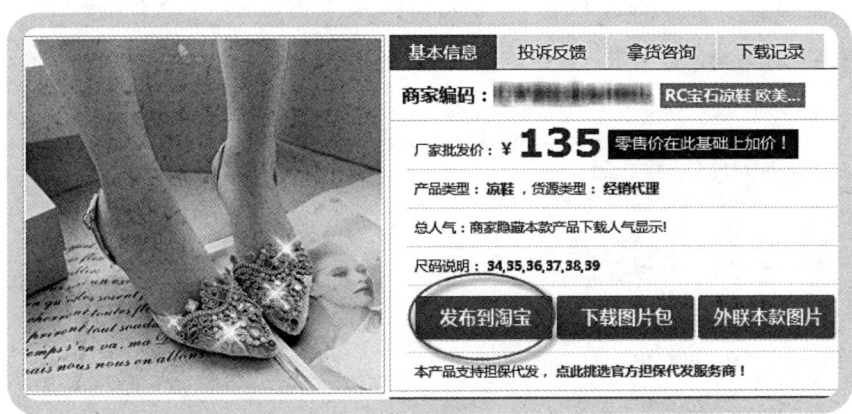

图2-56

首先，在如图 2-57 所示的页面选择商品主图和附属图片。

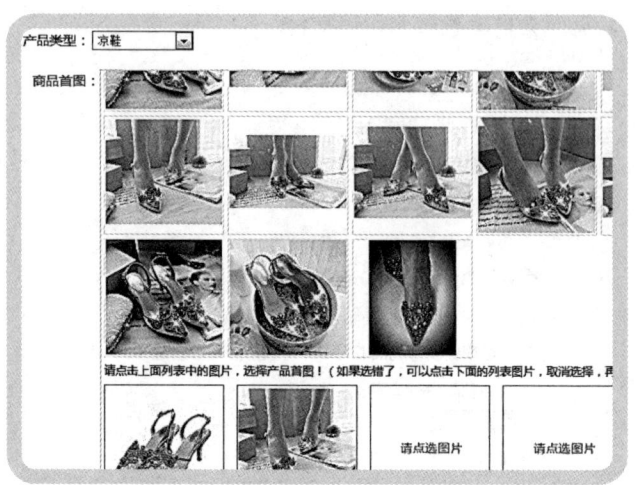

图2-57

如图2-58所示,系统会自动填写商品属性,请仔细核对属性参数值,检查是否与图片一一对应,不正确的项则需要按照图片做出调整,否则会因为商品标题、图片与属性值不对应而被下架并扣分。比如,你的商品标题里写的是坡跟,类别属性值中写的却是松糕跟,这样的情况就非常容易被淘宝的商品管理系统扫描出来,肯定是要被下架并扣分的。

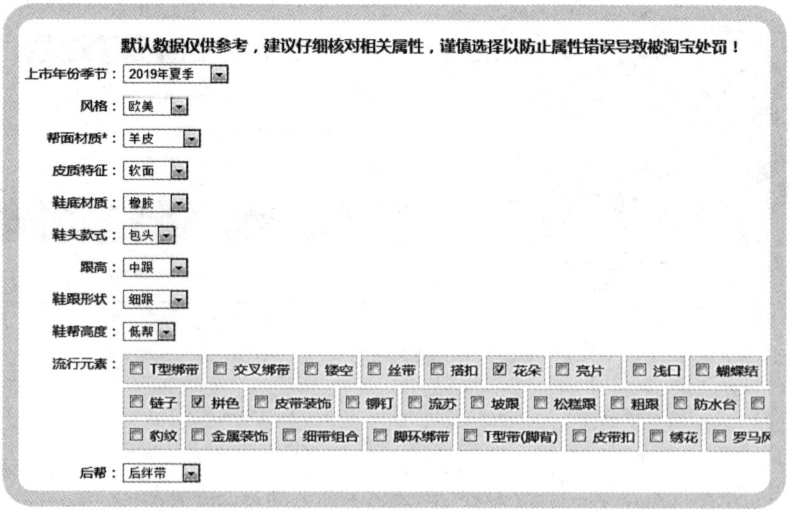

图2-58

系统还会自动对商品参数进行（见图2-59）。

（1）卖家自编货号。

货号最后两位数值为女鞋的批发价格，方便卖家查询成本。

（2）商家编码。

加入了干扰码，以免商品因众多代销卖家的货号相同，而被淘宝认定为同一款产品。

（3）产品标题推荐。

不擅长拟定标题的卖家可以用系统推荐的产品标题做参考，但也不能完全按照参考内容填写，否则大量重复的标题可能会被淘宝降权，因而无法出现在淘宝搜索结果页。

系统默认零售价格在拿货价格的基础上上浮30%,大码则加价10～15元。此外，系统还会自动勾选尺码。

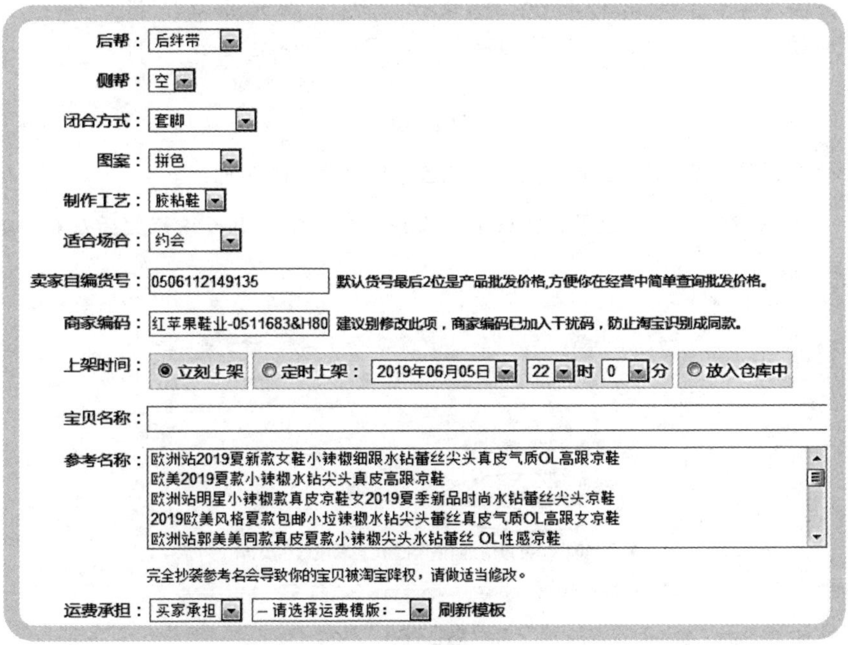

图2-59

你需要重新核对颜色，填写有误的应予以修改。如图2-60所示，颜色分类里的参数值都是可以修改的，比如鞋的实际颜色为金色，但默认的参数值里面没有金色，那么，你可以随意勾选一个不会用到的默认参数值，再将其修改为金色。有的卖家（包括老卖家）不知道默认的颜色是可以修改的，便特意在商品说明中说明颜色是金色，这样只会让买家感到云里雾里。

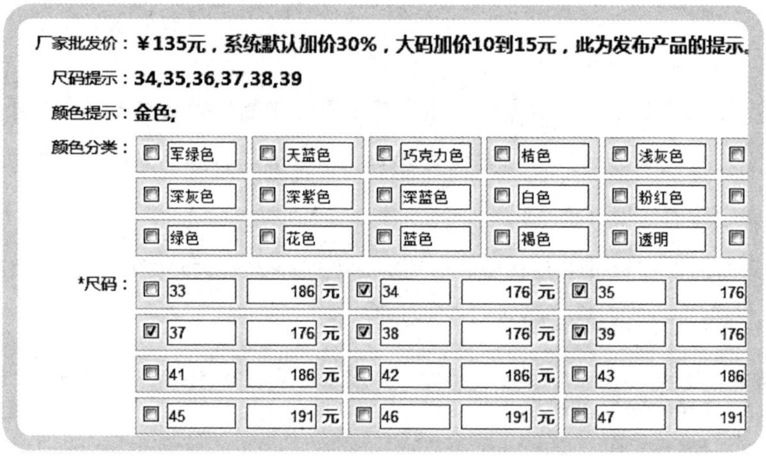

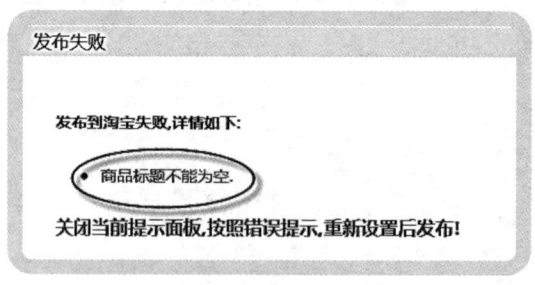

图2-60

你还需要重新编写商品描述，并选择需要上传的图片。

点击发布之后，如果有错误值，系统将自动提示并要求修改后发布，如图2-61所示。

图2-61

按提示修改后,商品即可成功发布,如图 2-62 所示。

图2-62

之后你便可在淘宝上查看自己刚刚发布的商品页面了(见图 2-63)。

图2-63

特别值得指出的是,在代销平台网页中直接发布到淘宝上后,需要重新编辑商品的手机详情页以增强手机店铺的个性化效果,提升手机店铺的搜索权重。你可以打开淘宝助理下载出售中的商品,重新编辑后再上传。

八、每天坚持上架几款新品

千万不要急于一时,不要在前几天就盲目上架大量商品。建议每发布一件商品就做好这一件商品的优化工作。

(1)检查商品的参数值是否都相符。

Tips

不要盲目上架,精心做好商品的优化

（2）关键词是否可以扩展更多。

（3）商品描述是否可以更为有序、清晰。

（4）商品的上架时间是否准确。

在开始阶段（7天之内）你可以每天上架10款；此后可以减少上架数量，但是建议每天坚持上架一定数量的新品。如果一些商品长时间没有人购买，可以适当调整其关键词，或者下架后做一定调整后再重新上架。

因为女鞋、服装等类别是需要不断追随时尚潮流的，所以淘宝会对这些类别的新品适当增加搜索权重。

九、在售的女鞋是否一直会生产

在售的女鞋并不一定会一直生产，在无货的情况下，平台供应商会下架该款式。

你可以在后台的"商品"管理类别的"商品库存"中查看。

另外，有一部分供应商可能会退出平台，也会导致该供应商所有的货物处于无货状态。如果你发布的商品显示无货，却被买家拍下付款，可以先致电供应商家或者平台工作人员帮你解决问题。

十、鞋卖出去之后，该怎么操作

使用免费方式发布商品的卖家，需要在淘宝后台找到商家代码，在代理平台搜索商家名称，找到联系方式让商家代发。或者联系代发人员，支付费用，让代发人员去商贸城拿货代发。还可以在平台的后台"手工创建订单"或"手工Excel导入订单"，再使用系统通知代发人员。

使用付费方式发布商品的卖家，在平台后台直接同步淘宝订单，即可导入订单细节（见图2-64）。

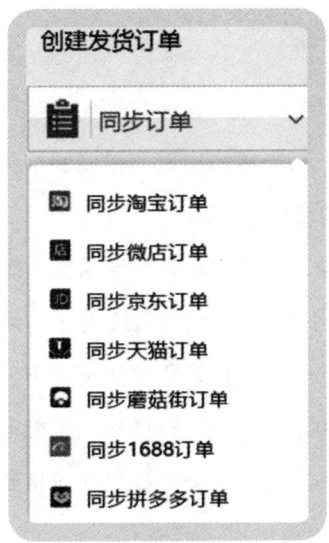

图2-64

同步订单之后，系统会核算你需要支付的资金成本。只有付款后的订单才可以指定代发，请求安排发货。

代发人员一般在次日便会去国际商贸城拿货，并安排发货，返回快递单号给你。你拿到单号输入淘宝后台发货即可。

十一、关于代理售后服务工作

代发商家对拣货商品负有质检责任，对于瑕疵商品不应发货。如果买家要求退货，你就必须知道代发商家的退货地址、联系人及其手机号码。如果买家收到的是问题产品，你应该首先请对方拍照证明，同时告知代发确认退货事宜，最后让买家填写好售后服务单后放置于退货的女鞋包装盒之中。除此之外，你还需要在三四天之后跟踪退货物流单号，如果已经签收，就要立刻联系代发商家，确认到底是退货还是换货。如确认是代发商家的责任，代发商家就要承担来回运费。

十二、关于女鞋尺码问题

女鞋交易最容易引起纠纷的就是鞋的尺码问题。如因尺码问题造成退货，你应该积极协调，争取让买家承担运费，以减少损失。这一点，应该在商品描述中就明确买卖双方的责任。

对于那些尺码不标准，经常有退换货现象的女鞋，你应该给出购买建议（如建议买大一码还是买小一码），或者直接进行下架处理。

女鞋因尺码问题而导致的退换货物率居高不下，淘宝官方也为之头痛不已。在商品发布客户端中增加尺码发布模板，可能给卖家带来巨大的实物测量工作量，而且买家也不一定能根据所提供的表格数据确认自己到底应该购买哪个尺码的鞋。

我个人的想法是，解决这个问题应该分两步走。

第一步，在鞋类卖家中加入行业统一规范。因为这是统一的数据，对买家可以起到引导作用。

第二步，在商品发布客户端中提供"尺码标准度选择"，即卖家可以选择"标准码""偏小N码""偏大N码"的购买建议，从而在商品详情页面的尺码上方显示对买家购买本款鞋的建议，比如"标准码，和平时穿的鞋码一致即可""尺码偏小，比平时穿的鞋码小1码""尺码偏大，比平时穿的鞋码大1码"等。

而目前淘宝并没有"购买建议选择"这一属性，这就造成鞋类卖家最大的困扰：买家无视卖家所提供的表格数据，仍旧选择用旺旺联系客服询问自己究竟应该买哪个尺码的鞋。

在这种情况下，一些聪明的卖家在与买家的不断沟通中总结出了一些规律：尺码是买家最关注的，测量数据是买家最无视的；买家咨询尺码问题时的常用描述为"我

> **Tips**
> 在商品尺码中加入购买建议，轻松搞定女鞋尺码难题

平时穿36码的鞋子，应该购买多少码"。

最终，他们选择在发布的商品尺码中加入购买建议。

行文至此，我在淘宝搜索"女鞋"时发现，按照销量排序，单品月销量过万的卖家有16家，其中天猫9家，C店6家。按照是否在尺码部分增加说明性文字这一标准做分析，可得到以下数据（数据可能有变化）。

（1）只有尺码数字，没有加其他内容的有2家，且均为天猫卖家。

（2）增加了文字，但没有提及尺码问题的有2家，天猫、C店各一家。其中，天猫卖家的文字描述强调商品为正品，C店卖家的文字描述则强调商品参加聚划算让利。

（3）增加说明尺码偏小的有8家。

（4）增加说明尺码为标准码的有4家。

图2-65为卖家在尺码中增加"偏小一码"的说明示例。

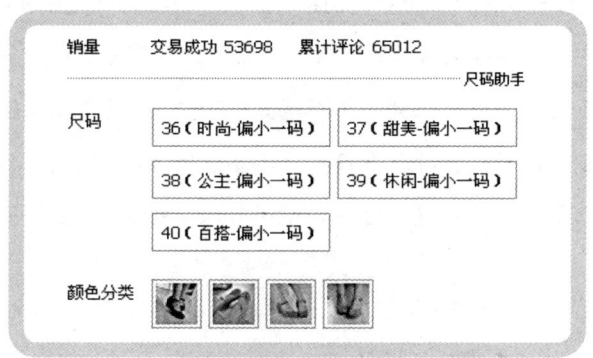

图2-65

图2-66则为卖家在尺码中增加"标准号码按平时穿购买"的说明示例。

另外，你还可以从中发现一个奇怪的现象，那就是销售尺码偏小的女鞋卖家占据了月销万件的女鞋卖家的50%以上。这足以说明，鞋子尺码标准与否并不重要，关键是卖家是否对尺码问题进行了购买建议说明。即使你所出售的鞋子尺寸是标准的，也最好向买家说明，目的是为减少买家的咨询量。

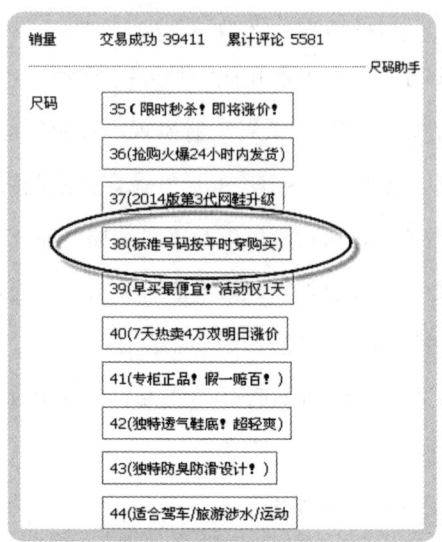

图2-66

再来看淘宝提供的尺码助手(见图2-67)。尺码助手虽然做得规范且漂亮,但是对于绝大多数买家来说,脚背高低、扁平足和拇指骨凸出等信息简直让人头晕。至少我不知道自己到底是不是拇指骨凸出;我也从来没有量过自己的脚长和脚宽。我只知道自己平时买的鞋都是38码,如果在网上购买鞋子,卖家说尺码标准我就买38码,卖家说偏小一码我就买39码,就这么简单!

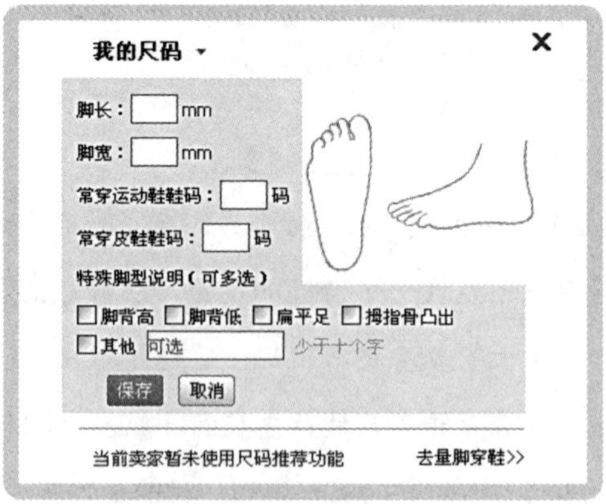

图2-67

十三、利用手机管理代理平台

目前该代理平台已开发手机平台,卖家可以安装安卓版代销系统,实现通过手机管理代销产品。请在平台相关网页中下载并安装使用。利用代销平台手机版和千牛手机版,可以完全实现脱离电脑而直接利用手机管理淘宝店。

十四、代理平台的优缺点解析

1. 代理平台的优点

我还是希望你仔细多阅读几遍本节关于代理平台的内容,因为确实有很多卖家,包括天猫卖家都是在这个平台进行合作采购的,其开店也比较成功。

代理平台已经运营多年,操作性已经优化得非常成熟,而且没有任何保证金等合作条件,不会囤积你的资金,基本不需要你承担任何创业风险!

2. 代理平台的缺点

因为货物不在自己手中,发货和售后方面的流程就显得有点烦琐。

发货方面存在的缺点是,可能拍下的此款鞋子的颜色和尺码没有能够在第二天拿到货,而买家却不停地催促要求发货。这个时候,你还是需要电话联系供应商,落实库存和定做的时间。

售后方面,如果选择了低价低质女鞋作为主推款,就会浪费比较多的售后服务时间。某个低质款被炒热之后,可能引起很多的退货工作,让人烦不胜烦。但是,你要知道的是,做任何工作都会有烦恼的时候。在这个时候不能气馁,要分析引起退货的原因,从而有效避免大量的退货事件,而不是看到退货变多就怀疑自己已经做不下去,要放弃平台的代理了。

此外,低质低价女鞋比较容易被带动销量,售后可能会增加,利润也比较微薄。中、高端女鞋相对难以炒热,比较难成为爆款,但是退款退货的情况明显减少,利润空间也比较大。

第八节 自我诊断店铺的健康状况

你可以从横向和纵向两个层面进行分析,诊断店铺健康状况。所谓的横向即店铺自身的基本水平线差距,所谓的纵向即自身和同类店铺之间的对比差距。以上属于常规一般性分析。

另外,有一些行业为特殊行业,比如图书为出版物,属于特殊类目商品,还需要从行业的独特性进行分析。

一、横向一般性分析

横向一般性分析的具体内容如表 2-1 所示。

表2-1

分析项目	子项目	5分制评分值	综合分析扣分项目(粗略包括但不限于)
店铺装修	招牌		只有店铺或公司名、口号语
	导航		无自定义导航设置,未推荐重点内容
	首页		①公告内容仅首页显示,单品页面看不到公告内容; ②优惠券等促销信息位置不突出; ③有冷门商品信息
	商品分类		分类过于详细,缺乏个性定位
	重点推荐单品		只有首页轮播图片或者海报,仅关注内容,没有注重价格和销量体现
	品牌形象		仅招牌有品牌形象,店铺其他位置无 logo 和分栏等统一形象设置
商品细节	商品图片		①只有单一主图; ②无实物拍摄; ③粗糙、模糊; ④没有考虑视频主图或者视频主图表达不恰当

（续表）

分析项目	子项目	5分制评分值	综合分析扣分项目（粗略包括但不限于）
	标题优化		①关键词不足30字； ②关键词表达不准确合理，搜索度低
	商品描述		①未显示必要内容，描述内容的三个层次（重要、次要和非重要）不清晰； ②无图无真相； ③只有简单的锚点设置； ④排版有待优化
	个性文案		无个性文案，内容基本都是复制和抄袭
营销模式	基本定价模式		简单、统一的一口价
	价格促销手段		无任何促销手段
	参加活动能力		定价模式无法参加促销活动
运费设置	是否包邮		无任何一件包邮商品
	快递公司		未说明使用默认快递
	发货时间		未表达，未在后台进行发货时间承诺
搭配销售	主动推荐		①仅首页有主动推荐，其他页面仅排行榜推荐； ②商品详情页面未做主动推荐
	关联销售		没有关联、搭配销售
客服能力	售前自助购买		买家带有多重疑虑，不能根据描述实现自助购买
	在线时间		没有在非工作时间内安排客服值班

1. 商品标题优化

商品细节方面，这里重点分析标题优化。为了更好地说明，我随机抽调了一款商品（图书）《简单恋爱学》做案例分析。

图 2-68 是排名前三的店铺的商品展示图。

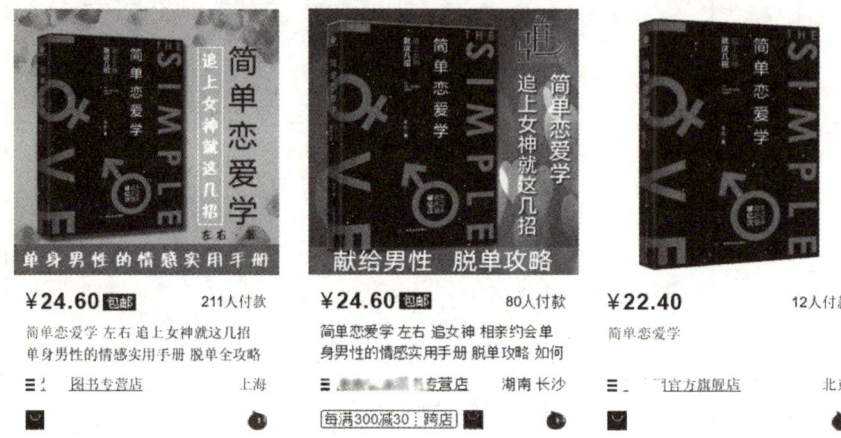

图2-68

图 2-69 是无销量集市店铺商品展示。

图2-69

表 2-2 是标题优化的几个小技能。

表2-2

标题优化 基本项目	子分类关键节点	综合分析
八大基本要素	称谓	书籍
	性能	爱情心理学
	卖点	追上女神、脱单攻略
	促销模式	特价、打折
	品牌	左右（作者）
	型号	简单恋爱学（书名）
	材质	纸质
	其他附属信息	正版
搜索的三大原则	买家习惯	关键词选择后自行决定重新排序
	动态变化	
	淘宝引导	
获取关键的 小技巧	首页搜索框 关键词自动推荐	简单恋爱学、左右（根据恋爱等相关关键词自行在淘宝搜索）
直通车工具	相关搜索 关键词推荐	学饮杯、心理学、恋爱神器、心理学书籍、优学派、管理学、恋爱100件事、教育学、经济学、恋爱礼物、普通心理学
	频道推荐关键词	
	相关关键词匹配	特价、包邮、批发、直销、热销、畅销、经典、最新、正版、收藏类、出版、经济、打折、热门
	小工具： 流量解析	恋爱书籍男生版、恋爱宝典、恋爱书籍大全、谈恋爱的书籍、情感书籍爱情、心理学书籍、恋爱神器、情商书籍

目前天猫修改了商品标题字符数量定义，书籍/杂志/报纸类别下宝贝标题最多可以输入120个字符（60个汉字），这就给了更多关键词组合

的机会。

现在看看我写作本书时搜索排名第一名的卖家给商品定义的名称:"简单恋爱学　左右　追上女神就这几招　单身男性的情感实用手册　脱单全攻略　如何追求女生谈女朋友　爱情心理学书籍　技巧方法　相亲指南"。

点评:

- 称谓:书籍(包含)。
- 性能:爱情心理学(包含)。
- 卖点:追上女神、脱单攻略(包含)。
- 促销模式:特价、打折(未包含)。
- 品牌:左右(作者,包含)。
- 型号:简单恋爱学(书名,包含)。
- 材质(图书特殊类目可不包含):纸质(未包含)。
- 其他附属信息:正版(未包含)。
- 字符(图书类别允许120字符):60个汉字(含空格,每个空格半个字符)。

搜索排行第三名并有销量的卖家给商品定义的名称:"简单恋爱学"。

点评:该卖家为品牌大卖家,标题定义仅仅为书名,利用自身品牌强大的流量获得部分成交。标题优化失败!

靠后排列无销量卖家定义的名称,类似于:"正版聚9787220106866简单恋爱学:追上女神就这几招四川人民"。

点评:典型的未系统学习淘宝开店知识的卖家。标题优化失败!

2. 价格定义优化

商品定价是否符合淘宝主流定价模式。一口价模式不打折,将不可以运用基本的打折手段,也无法参加淘宝官方的营销活动。最起码需要把一口价设置为图书的印刷定价,即吊牌价格。然后设置折扣率,通过折扣体现"特价""促销"活动进行中。

3. 运费设置

运费设置是否简单模糊，表现于：

（1）是否基本上只能看出针对购买单本图书收取运费的方案，如果是，就等同于逼迫买家一次购买单品而降低了客单价。如果买家需要同时购买多本图书，将如何支付运费，是否没有详细解说清楚？如果没有，买家无法自助完成购物，必须找客服咨询，这就提高了客服的工作量，如果客服不在线就会发生跑单。

（2）包邮商品是主流，店铺是否没有一件商品是包邮的？不包邮不符合淘宝主流形式。

（3）快递费是否收取过高？如北京到长沙收运费12元明显高于淘宝行业物流费用标准。这样让买家无法接受，只觉得卖家连运费都要赚。

（4）是否没有解析默认快递公司、承诺发货时间及各地区到货时间？

（5）是否没有任何刺激买家一次购买多本图书的有效手段？比如，设定的是非包邮模式，刺激手段可以是"一次多买不加收超重运费""两本包邮"；设定的是包邮模式，刺激手段可以是"两本减5元""100元减10元"。

二、纵向一般性分析

从前文图2-68、图2-69中可以看到，销量第一位的店铺该图书卖价和无销量店铺该图书卖价差价很大。

那么，应该如何应对竞争对手的低价策略呢？方法有几种。

1. 避开搜索，直接导流到单品图书

比如，线下培训老师在做讲座时向企业推荐这本图书，直接引流到该商品；在微博中直接给粉丝推送这本图书的链接；在其他网站直接挂上链接。这样避开了搜索书名，才不会出现价格对比落差。

2. 提高增值服务

我销售这本图书的价格就是比别人高,但是我所出售的这本图书有着不一样的意义,表现在哪里呢?

(1)我卖的这本图书有作者的亲笔签名。

(2)我卖的这本图书,可以送出编辑团队的合影、签名、祝愿语,或者策划编辑准备的精美小礼物。

(3)买这本图书,可以了解更多有关作者的故事、编辑的故事或者是图书出版的流程等信息,这些对于普通人来说还是比较神秘的。

(4)买这本图书,可以免费邀请作者给企业进行问题诊断分析、培训讲座。

(5)购买这本图书,有可能参加作者举办的授课讲座,和作者合影。

这些别人不会去想的问题,我想去做,这样一本图书多卖 10 元钱又算得了什么呢?

3. 开展促销活动,提高客单价降低单件采购成本

组合多本图书一起销售,多买多优惠,提高客单价。

4. 如果你的成本能扛得住价格竞争,你可以包邮和别人去斗价

在淘宝网,只要根据图书名称进行搜索,就可以找出你所面对的有实力的竞争对手是哪些,他们的商品标题名是什么,最终的零售价格是多少,运费方案如何,在执行什么样的促销手段,等等。图书名称就像产品的出厂编码一样,其他类型商品卖家可以隐藏内部编码,而图书则不能。所以,图书卖家在分析店与店之间的纵向对比差距时显得格外容易。

三、行业特殊性分析

在淘宝网上销售图书实行的是准入制。另外,淘宝图书还面临几个最大的竞争对手——当当网、京东及亚马逊，所以基于这种特殊性，还得把这本图书拿到当当和京东上去做对比分析。分析的主要项目为价格是否明显低于淘宝价格（价格都是根据促销时期不同而浮动的）。

总结一下，当当网为抢夺市场所做的措施：

（1）售前试读体验。

（2）价格优势。

（3）关联、搭配销售。

（4）抢夺手机客户端市场。

（5）增值服务。

可谓方方面面都涉及了，所以想要抢夺当当网中这本图书的市场份额，竞争手段也必须有针对性！

Part 3

运营实战
——玩转推广,轻松赢利

第一节　提升店铺人气 1：提高宝贝搜索排名

淘宝站内 SEO 玩的就是搜索排序，至于排序的规则与公式到底是什么，恐怕无人知晓。但是，淘宝经营涉及的因素基本上也算相对固定，总结起来可以大致分为五类。

一、基础因素

（1）优先原则：天猫优先，集市靠后。虽然天猫已经独立，但还是无法摆脱和淘宝"同居、吸奶"的稚气，而淘宝对于天猫这个"高富帅"，也的确给予了最大限度的流量支持。

（2）违规、降权行为原则：对于原则性质上的违规行为，给予降权、屏蔽、列入活动黑名单等惩罚。

> **Tips**
> 淘宝搜索排名玄机早知道

二、店铺运营因素

（1）主营类目优先原则：实物交易率优先，主营类目优先。

（2）动态评分原则：动态评分由红变绿，将会拉低全店权重。

（3）商品转化率：即流量和购买之间的转化率。

（4）客单价：每位客户成交金额的高低。

（5）二次购买率：即回头客比例。

（6）访客因素：主要包括日均、月均访客展示与点击率，访客跳失率，访客停留时间，以及访客浏览页面数量（体现访问深度）等。

（7）支付宝成交率：即拍下与付款之间的比例。

（8）零买家信誉度：即新手买家是否可以成功付款，是一个重要的影响因素。

三、品牌因素

（1）品牌搜索次数。

（2）品牌成交次数。

（3）品牌收藏数。

（4）客户对品牌的忠诚度，对应二次购买的老客户的比例。

四、商品因素

（1）关键词设置 SEO 能力。要评判是否堆砌、滥用关键词。

（2）橱窗推荐靠前原则。曾一度被冷落的橱窗推荐原则，在 2014 年 7 月又被重新给予权重。不仅如此，淘宝还制定了新的橱窗数量规则及权重比例。

（3）属性精准度。商品属性填写得越细致、越准确，其搜索排名越靠前。

（4）下架时间靠前原则。

（5）新品优先展示原则。

（6）30 天成交量。

（7）收藏量。

（8）商品图片质量。

五、服务因素

（1）旺旺第一响应时间。

增加千牛在线时间，及时应答买家提问。

（2）发货速度。

及时发货。发货时间在后台物流系统都会有跟踪记录。

（3）纠纷退款率。

后台退款有几种原因可供选择，无理由退款会把责任划分到买家的主观因素上。但是，实际是卖家责任却企图让买家以无理由退款为由的，就可能引起买家抱怨而加剧纠纷。

（4）小二介入纠纷的交易数量。

发生纠纷应尽量做到买卖双方私下调解，让小二介入只会证明卖家服务能力低下。

（5）退款速度。

退款速度是卖家最容易忽视的一个因素。然而近年来，这一因素却成为服务能力的一种最具体的表现,其影响的权重也是最大的。站的角度不同，人的心理状况当然不同。当发生需要退货的情况时，买家最希望的通常是卖家能及时地把钱退给自己。那些爽快退款的卖家，往往能使买家的购物体验更完美，从而增加权重，或至少不会使权重再次降低；而那些即使收到了买家的退货还一直拖着不确认退款的卖家，则会让买家大为反感，从而大大降低权重。

第二节 提升店铺人气2：培养人气宝贝

一、为什么要培养店铺内的人气宝贝

淘宝的搜索结果默认为"综合排序"。综合排序最关键的几点影响因素为：人气加权、天猫加权、下架时间加权。当然，规则是不断变化的，比如某段时间淘宝推崇时尚动态新品加权，就会让新品有更多的权重。

人气加权，即卖得越多，排得越靠前，这点在所有影响因素中占有很大比重；而对于天猫加权的比重，你只要随便搜一搜便可大致了解。

图 3-1 是综合排序搜索"凉鞋 女"的结果。

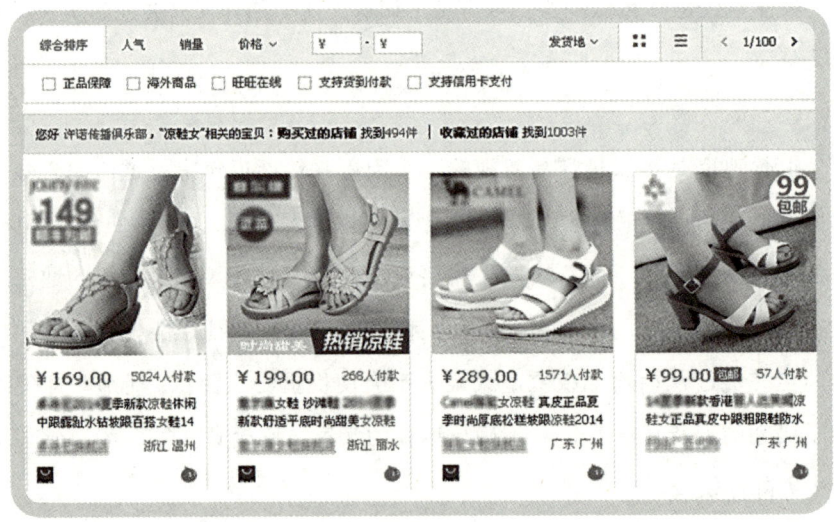

图3-1

图 3-2 是按照"人气从高到低"搜索同一关键词的结果。

从中可以发现，排列前四的商品中，按综合排序，有三名是天猫卖家，按人气排序，则均是天猫卖家。另外，两种搜索结果的前三名展示的结果页面都是一样的，而且都是天猫卖家。从成交量来看，排名第二的天猫卖家有

268人付款,在众多卖家中算不上人气高。查看其成交记录还可以看到详细数据:6月9日卖出10双,6月10日卖出14双,6月11日卖出14双,6月12日上午成交仅3双。由此可以看出,加入天猫的优势很大,加权很重。

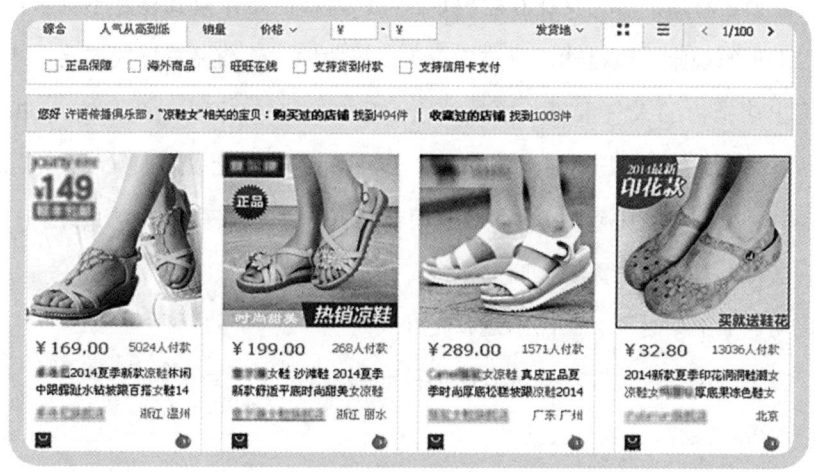

图3-2

只有在综合排序中,才能发现按下架时间轮流展示C店商品的规则。如在前面的示例中,同样的关键词,隔数分钟再次搜索时,稳居前三的天猫卖家的女鞋可能不会消失,而第四名的C店卖家的女鞋肯定看不到了。这样既按照人气又按照下架时间的排序来展示搜索结果,就能让C店卖家都有被展示的机会。

其实,人气宝贝不一定非得要千人付款、万人付款,只要连续N天,每天都有成交,就可以称之为"人气宝贝",其就可能会被淘宝优先展示。这类人气宝贝又会按下架时间进行二次排序。

> **Tips**
> 人气宝贝不看总体成交量,而看是否连续N天都有成交

如果一件商品连续30天都没有成交,那么该商品就会变成"僵尸"商品。在没有被修改商品标题等关键属性的情况下,可能就永远不会被淘宝展示出来了。所以,只有成交才会激发商品的

活力，才会让商品有更多的展示机会。

有些卖家会在一些朋友的帮助下友情炒作信誉度，问题是他们往往在自己的店铺里随便挑几件商品，把链接发给对方。今天让A君拍A商品，明天让B君拍B商品，后天又让C君拍C商品。这样的炒作模式显然不符合打造人气宝贝的规则。很显然，只有集中火力指向同一件商品以促成交易，才能培育出店铺内的人气宝贝。比如，让A君拍A、B、C商品，B君拍A、B、D商品，C君拍A、D、E商品，这样一来，A商品就有可能成为人气宝贝，同时还辐射了周边其他几个人气宝贝，从而带动店内整体销售。

培育人气宝贝，需要在商品本身、关键词优化、上下架时间、商品描述、交互式内部广告，以及各种推广模式等方面都精准到位，才可以实现。

Tips

集中火力推广同一件商品，才能培育出人气宝贝

二、宝贝本身的优势

宝贝本身的优势是培育人气宝贝的前提条件。在淘宝上购物，买家享有评价权，可以对商品进行无依据的评论。为什么说是无依据评论？因为买家可以依靠主观意识做判断，可以肆意妄为地对你的商品指手画脚，即使他们的评论是错误的、荒谬的，你也拿他们没有办法。而这些评论都有可能成为下一位购买者的参考依据。

因此，如果你销售的商品本身没有任何优势，或者存在质量问题，多数买家就会对该商品做出负面评价，从而导致你精心培育的商品在动态评分的不断下降过程中"失血"，丢失人气值，甚至引发大量退换货纠纷。

商品本身的基本优势主要在于：

1. 功能的完整性

比如销售电风扇，其基本功能在于可以吹风。如果你卖的电风扇品质过于低下，风小、噪音大、耗能高，那么，这样的产品肯定得不到买家认可，因此也就无发展前景可言。

2. 价格上的优势

很多商品在实体店里本来就可以买得到，而在淘宝上出售，如果加上运费在价格上没有任何优势，那也是很难销售的。所以，部分商家针对淘宝的特性，特意将网点上的商品和线下商品的型号分开，以避免买家发现同款，但也只有少数卖家或品牌可以做到。

三、关键词优化

关键词的优化决定搜索结果页是否出现该宝贝。假如我需要买茶叶，在淘宝搜索"茶叶"之后，搜索结果页只可能展示含有"茶叶"关键词的商品，而不会展示不包含基本关键词"茶叶"的商品。这个简单的道理，相信大家都明白。

我曾帮一位茶叶卖家分析过她的商品的关键词设置。起初，在淘宝搜索"烟茶"这个关键词时，她的商品排列在结果页第一页的第一行；后来，她对关键词进行了调整，将"烟茶"改为"烟熏茶"。因为她其他方面的服务工作做得很不错，尤其在如何留住回头客上很有一套，所以越来越多的回头客支撑了她的成交量，这样便很容易地让"烟熏茶"这个关键词排列到第一页的第一行中。当我看到这个结果时，我知道，她不是很理解什么叫作关键词优化。我通过淘宝直通车的关键词流量对比分析给她看。

通过图3-3可以看出，"烟茶"的展示次数明显高于"烟熏茶"，而"烟熏茶"的展示次数则已经差不多在搜与不搜之间了。这也就意味着，即使搜索"烟熏茶"这个关键词带来的流量全部给她一个卖家,而且成交转化率为100%,整体而言,其所带来的生意也寥寥无几。"烟茶"这个关键词则不同,几乎每天都保持有几十个搜索量,而她的商品出现在第一页第一行,且被点击的概率也都是相当高的。

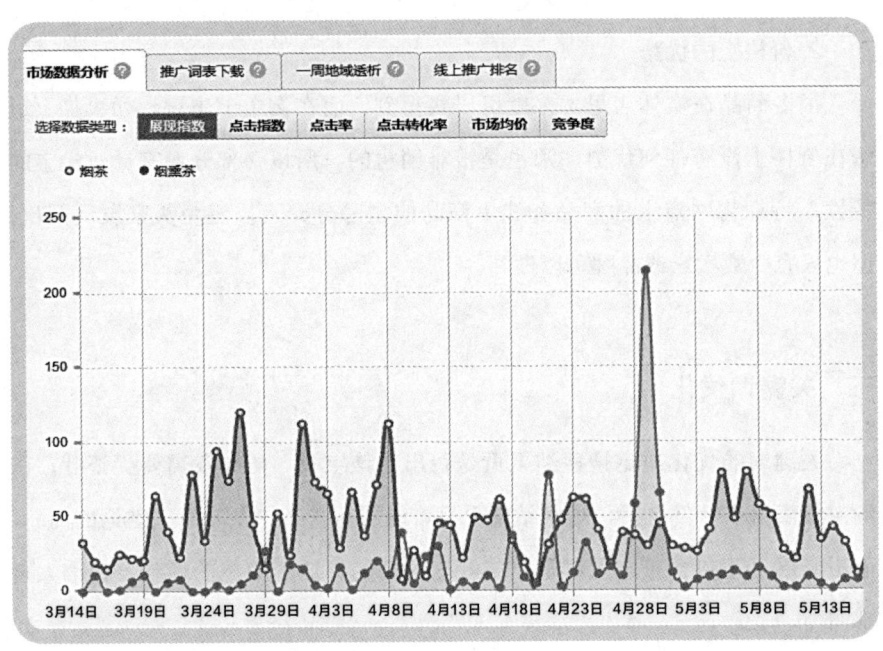

图3-3

看完这些之后,我对她说:"你卖的商品究竟是什么呢?是茶叶!"而她竟然连最基本的属性关键词"茶叶"都没有写入商品标题,这就犯了关键词优化中最严重的错误。

接着,我把关键词"茶叶"添加进来再进行对比,发现其日展示量甚至超过百万次(见图3-4)。在关键词的30个字中,绝不可以没有搜索量最大的关键词。按照每天100万次展示来分析,每天10个小时的黄金搜索时长,每小时有10万次展示,每分钟约展示1600次。淘宝虽然对于人气宝贝和天猫卖家优先展示,但是动态展示时,你的商品也可能出现在"茶叶"关键词搜索结果页的第一页或者第二页。但是，如果你的商品标题中根本就没有"茶叶"这个关键词，便永远也无法在那么多次的搜索中被展示。

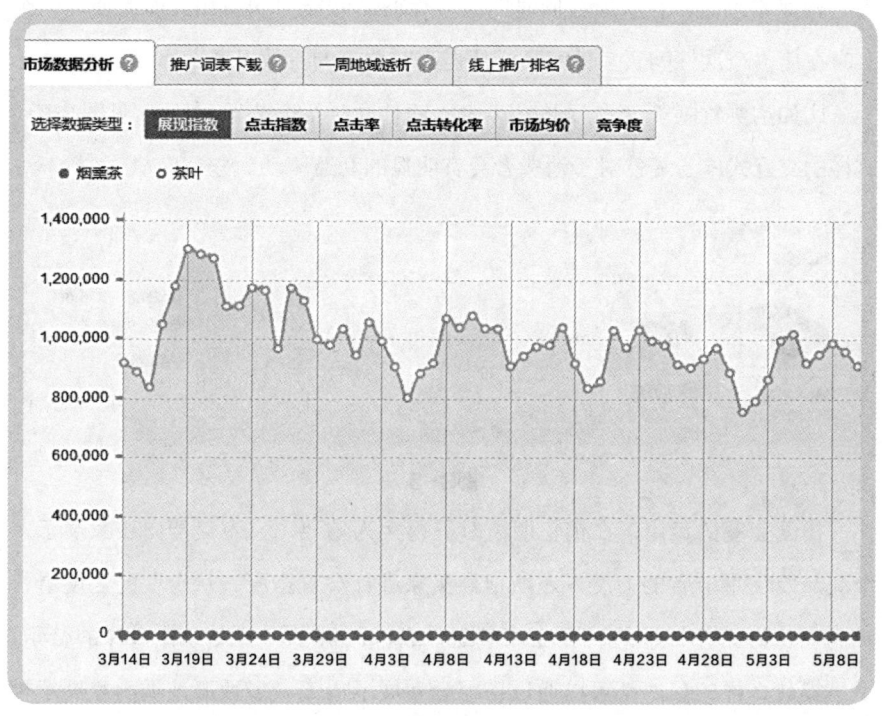

图3-4

四、交互式内部广告

交互式内部广告是带动其他宝贝销售的重要方法。淘宝早就已经充分意识到了内部广告的重要性。如今，在展示某一件商品时，淘宝提供了众多的广告位来展示该店的其他商品，有按照人气展示的，有按照收藏展示的，也有按照关联性展示的。然而，这毕竟是淘宝针对所有店铺做的统一广告位构建，并不能精准地定位到具体某个店铺的实际需求。

所以，很多卖家选择利用工具或者是在商品描述中构建自己独特的内部广告。这一点,对于店内人气宝贝的培育尤为关键。

"搭配套餐"是卖家最惯用的工具,它展示在商品详情页的页面上方,作为一种促销手段,让买家在同时购买多件商品时能得到折扣。而促使同一个买家在店内一次性购买多件商品,是提高客单价的有效手段。

比如购买竹制茶盘,搭配销售茶壶,两件同时买可节省91元(见图3-5)。这样的交互式广告显然对于消费者会有明显的利益驱动。

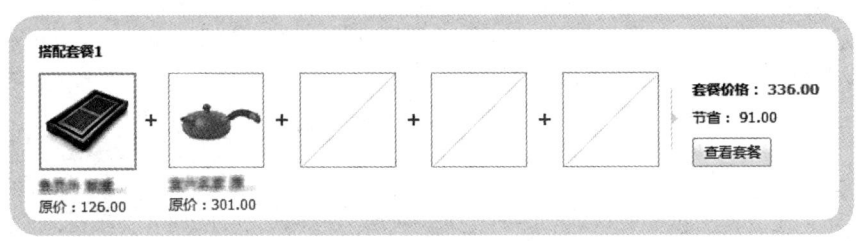

图3-5

搭配套餐的运用,在销售服装时显得尤为重要。它不仅能向买家展示多个商品及优惠节省的力度,还能指导买家进行穿衣搭配。从专业的角度看待时尚,认为穿什么样的衣服应该搭配什么样的裤子,脚上穿什么样的鞋子,手里提什么样的包,都可以通过搭配套餐展示出来。多数服装类卖家展示模特时,卖上衣的不可能只穿上衣,而不穿裤子、裙子和鞋等,所以模特往往都是经过精心打扮了的。很多追求时尚或者苦于不知如何穿衣搭配的买家会相信,这样一套衣服在自己身上也可以穿出神韵。因此,她买了你的上衣,就会渴望找到与模特同款的裤子或裙子。与其让买家苦苦寻找,不如你主动来个顺水推舟,提供同款链接并附上一个搭配打折的促销价,这才符合营销的基本思路。

通过人气宝贝"上衣"的搭配营销,辐射带动"裤子"的销售,无疑能为店铺注入更多的新鲜血液。

> **Tips**
> 运用搭配套餐,有效带动店内销售

除了需要收费的一些服务项目以外,你还可以选择动手在商品详情页内制作免费的交互式店内广告。在详情页的页面顶部添加少量的关联性广告，可以获得更多的PV。

既然提到PV，就在此介绍一下相关的几个概念，包括IP、UV、PV等。

IP，指独立IP，即24小时内相同IP地址访问计算一次。

UV，指独立访客，即不同的电脑客户端访问计算一次。简单来说，在局域网中，通常会有很多电脑联网使用，不同的电脑访问的都称为独立访客。

PV，指页面浏览量，即一个客户端刷新一次访问计算一次，正如前面所说的，一个用户浏览了你店铺内的衣服页面，又从搭配套餐中点击浏览了你店铺内的裤子页面，这样就增加了PV量。

在店铺内投入匹配的广告，可以让独立IP或者独立访客反复点击你的店铺商品，从而增加PV。增加PV就意味着让一个买家看到你店内更多的商品，从而可能一次性购买多件商品。

五、多元化推广方式

运用多种推广方式，可以增加人气宝贝的流量。推广方式分为线上推广和线下推广，线上推广又可以分为站内推广和站外推广。

站内推广，指的是通过优化关键词获得自然搜索流量，参加淘宝官方活动获得高流量展示，发送站内广告如论坛广告、软文广告等获得流量，以及直通车推广，等等。

站外推广，指的是在淘宝之外的网站推送广告，比如，在QQ空间等博客类网站中推广，在陌陌的手机客户端的群聊中推广，在本地论坛中发帖推广，付费点击推广，或者购买站外广告位，等等。

线下推广，指的是除网络推广模式以外的推广，比如在包装盒上进行二维码推广，或户外广告、电视广告、杂志广告等。

不管使用什么推广方法，根本的原则是一致的，那就是尽量集中推广店铺内精选的几种需要培育人气的商品，再利用交互式广告让其他商品获得更多的流量与成交量。

六、店铺营销工具

在淘宝搜索关键词时，排列在前面的商品几乎有一个共性，就是原价高、打折力度大。通过打折来激发消费者的购买欲望，是商家普遍运用的一种方法。

营销工作台包括三类营销手段。

1. 优惠促销类

（1）单品宝：限时打折和特价促销。

（2）优惠券：领取优惠券进行抵扣。（本书后面提到的发放阿里妈妈优惠券功能在此进行设置。）

（3）店铺宝：一个订单一次购买多件时进行自动打折。

（4）新搭配宝：采用套餐打折。

（5）权益中心：店铺宝设置"满就送"权益，可以通过创建权益绑定活动；报名天猫的活动，需要权益奖品。权益包括：优酷会员免广告、淘票票优惠券、书旗小说会员免费阅读、饿了么超级会员红包、公益福包支持买家参与公益捐赠、支付宝红包、阿里音乐卡虾米会员、天猫超市卡、天猫精灵智能音箱优惠价、流量钱包抵扣手机卡流量、淘话费充值话费抵扣、外卖粮票点外卖抵扣、话费流量券通信礼包、彩票赠送、淘票票代金券、随机面额支付宝红包。

（6）淘金币抵扣：买家可以使用淘金币抵扣货款。

2. 店铺引流类

（1）签到送淘金币：开设签到送淘金币页面。

（2）微海报：无线端站外引流。

（3）淘短链：压缩淘宝网页地址。

（4）店铺联盟：邻家好货，获得末端流量互助，为店铺推荐同等级商品。

（5）淘宝直播：在线直播。

3. 互动营销类

（1）买家秀：通过设置买家晒图加精操作在手机App客户端商品详情页面展示"买家相册"。

（2）微淘彩蛋：这是阿里的创作平台，可增加粉丝福利。

（3）店铺VIP：在客户运营平台中，管理所有买家资料，设置VIP等级，提高客户在单个店铺中的VIP等级，使其获得更多的优惠。

（4）关注送金币：淘宝币活动。

（5）淘宝群：建立群聊互动。

七、人气宝贝与人气店铺

"人气宝贝"这一概念已伴随淘宝走过了多个年头，它是淘宝成交大幅攀升的一个重要原因。因为这一搜索规则实现了优胜劣汰，能让表现出色的商品脱颖而出，进而让众多买家跟风抢购。

然而，也正是因为这一搜索规则，让很多卖家更加坚信信誉度炒作是必要的。因为你不炒作，别人会炒；别人一炒，可能就排到前面去了。

在这样的矛盾中，淘宝屡屡重拳出击"信誉度炒作"。2013年12月，因淘宝官方整治信誉度炒作，爆发了1.1万多个小卖家聚集QT群抗议和围攻大卖家的事件。12月5日，小卖家围攻韩都衣舍、优衣库等品牌商；12月6日，5000多人通过搜索"优衣库"攻击其店铺；7000多人在包括"聚划算"在内的店铺自由购物。其攻击方式主要为购物后退货，以及疯狂点击"直通车"。

Tips
有时需通过下架低成交商品，来提升店铺整体信誉度也许是为了解决"人气"的正邪之争,淘宝适时推出了另外一个关键词——"人气店铺"。

人气店铺区别于人气宝贝,其人气不仅表现为某件商品的人气,更表现为整个店铺内所有商品的人气。以前,卖家只需通过炒作信誉度来提升某单品的人气,可能还相对比较容易办到;而现在,卖家必须让整个店铺内的商品成交量都活跃起来,其难度显然比以前大很多。

但是,说到底,人气宝贝和人气店铺其实并不矛盾。卖家完全可以采用毫不犹豫地下架低成交商品的模式来提升店铺的整体活跃值。这样做,对卖家只会有利无害。

作为卖家的你,是不是已经明白了其中的道理呢?

第三节 提升店铺人气3:稳固老客户

一、对老客户进行日常维护

如果条件允许,我还是建议你在千牛软件或网店管理后台之外,建立单独的客户资料库,也可以成立一个老客户管理部门,用以拉动这些客户再次到你的店铺进行消费。对老客户进行日常维护,在纪念日、活动日发放优惠券、免费礼品,或开展"买就送"等活动,可以持续保持网店的高人气值。

从某种意义上来说,与其拿资金去炒作信誉度,还不如用这些资金回馈老客户,提高其黏度。因为他们不仅可以带来真实的成交量,而且会介绍他们的朋友到你的店铺消费。

> **Tips**
> 建议建立单独的客户资料库，或成立老客户管理部门

作为一个买家，我经常在淘宝购物，自然碰到了数量不少的卖家。我发现，除了少数几个卖家在老客户管理方面有所行动外，绝大多数卖家在这方面几乎是零投入！有的卖家以发送手机短信的方式通知客户，但是个人觉得对于买家来说，这些毫无作用。尤其需要指出的是，当购买到某些颇受周围人欢迎与好评的商品时，我会反复购买，但也从来没有得到过任何额外的优待，比如赠送小礼物或面值不等的折扣等，甚至连一句"谢谢再次光顾"或"希望继续支持"的话都没有听到过。

从中也可以看出，绝大部分卖家都非常轻视老客户或大主顾。

大部分卖家都比较反感还价，但对于大主顾还是应该给予一些特殊照顾。其实他们的要求并不高，只是希望能在你这里得到一些和普通买家稍许不同的待遇罢了，甚至仅仅希望你能知道他在你这里已经消费了很多，图你一个感恩的眼神而已。

很多卖家苦于生意冷清，想提升人气却找不到门道。其实，你所成交的每笔订单，都是一种资源，把这些资源聚拢起来，通过回馈的方式就很容易实现买家重复购买。

比如，你一个月的成交量只有30笔，两个月也才60笔。如果你能管理好老客户，让其中50%的买家实现二次购买，那么第三个月你将有60笔成交。再能干一点的卖家，可以让这些买家一次购买多件，那么第三个月就将有100个以上的订单了。这听起来似乎有点夸张，但只要方法得当，是完全可以实现的。

第一步，先把这些客户召集起来，让他们加入你的QQ群、微信群。但买家凭什么要听由你的指挥，进入群内呢？当然需要一些利益驱使。这些利益可能是会员每月超低价格购物、支付宝现金红包、生日免费礼品等。

第二步，实施购买驱动强刺激。这些买家既然愿意加入客户群，就说明

存在一定的利益驱动性。所以只要给予适当的利益刺激，就可以让他们成为你的回头客。

新手卖家或者小卖家要解决的首要问题，是商品的成交而非赢利。所以你不要指望在这些客户身上赚到钱，而要考虑你能把赚到的多少钱花在他们身上。这一点也不矛盾，因为加入到群中的会员越多，可供你利用的资源也就越多。等到会员的人数达到一定规模时，你可以采取限定购买次数的方法来紧缩开支。

而老卖家、大卖家所期望的则是稳定和放大成交，这些老客户资源就完全可以充当单品人气的维系者和新品的人气提升者。

二、利用老客户提升人气

为了对众多的客户进行管理，可能需要你煞费苦心地对客户的等级进行分类，可以以金额，也可以以成交笔数来确定等级。不同等级的优惠程度各不相同。

现在举两个实例来演示操作方法。

1. 提升新品的权重和搜索排名

第一批，0.01元免费试用名额N个，符合特定条件的会员可以报名，要求收货后给予20字以上的5分好评及买家照片秀。第二批及以后各批，可依次按照1元、5元、9.9元等超低价格维持免费试用。同时可以采取群内会员超低价格销售模式，让会员付费购买。你可以采取的购买流程是多样化的，比如老客户可以从"我的淘宝 >> 已买到的宝贝"中浏览店铺，也可以通过长尾关键词搜索定位、店铺搜索、手机订单等浏览。付款方式为"客户预先全额付款"，不改价，

Tips
以超低价格让会员试用并评论，提高商品人气

无折扣，付款之后再返款给老客户。

当单品提升到一定人气之后，再报名参加天天特价、淘宝清仓等站内活动，还可以报名参加站外的一些团购活动。这种模式可能比你去参加官方的免费试用活动更为有效。因为官方活动的试用获得者只会认为是自己的运气好，很少会有二次购买行为，也不会对卖家有感恩之情；而让老客户免费试用，则可以增进与卖家之间的感情，老客户除了以后再购买商品会优先光顾你的店铺之外，还可能会介绍朋友过来。

假设一件商品的进货价格为 10 元，单价成本含运费约 16 元，你可以在淘宝设置一口价为 45 元包邮，通过打折工具设定 7 折销售，即 31.5 元。你以 7 折再 5 折的价格，即 15.75 元包邮价向群内会员出售，这样的诱惑力是不是非常大呢？也许你会觉得这是瞎扯，认为 10 元钱的东西定价为 45 元，怎么会有人买！但事实就是，在淘宝上，10 元钱的东西就可以这么定价。10 元为商品的工厂出厂价，按照工厂价到零售价至少翻倍的规律，可以卖到 20 多元，再收取快递费 10 元，加起来就是 30 多元的淘宝零售价。再根据淘宝特色定价模式，抬价到 45 元之后再打折，就是原来的 30 多元了。所以，即便 9.9 元包邮试用，你也只是在每个客户身上亏损 6.1 元。该商品如果每天自然成交 3 笔，获利 3×15.5=46.5 元，足够支撑 7 位老会员的亏损额度。这样加起来的话，你一天的成交量至少能有 10 单。而因为人气的提升，自然购买的用户也会逐步增加，这样你就可以实现盈利了！

2. 为单品引入新客户购买订单

可采取拉人购买获得奖励的举措。若老客户拉入一位新客户实现购买，就给予其一定奖励，比如直接半价退款；拉入三位、五位新客户实现购买，则给予重奖，比如对一位买家进行免单，等等。每个人都有自己的人际关系圈，所以拉人购买并非很

> **Tips**
> 以优惠、奖励等鼓励和刺激老客户拉入新客户

难的事情。你需要做的就是，不仅给予推广者奖励，也给予被拉入者最实在的优惠价，在特殊时期，哪怕亏本卖给他们也在所不惜。但是，亏本必须有亏本的充分理由！

开展一段时期的利用老客户资源的活动之后，由于他们的鼎力相助，你的店铺权重会日益增加，流量增长，转化率提高，订单也会翻倍式增长。你获得的新客户越来越多，加入群内的会员也越来越多，这时候你可能已经无法应付老客户管理的沉重负担。你就需要开设新的 QQ 群、微信群，按照等级把这些客户资源一分为二或者一分为三，分开进行管理。目的是避免过多的免费资源开支，以及便于采取新的刺激方案。

即使你开业不久，还没有多少成交量，也可以用以上方法实现每月订单数量倍增。来一位客户，你就拉一个客户入群，然后争取实现一变六（一个月内同一买家最多记取六个好评），这样变来变去，你很容易就能变成皇冠卖家。到那时候，你就需要聘请客服、组建团队来管理网店了。

这里面的学问又岂止这些呢？与买家的互动有着更深层次的规律和技巧。当你掌握了成千上万的买家资源后，所有的刺激方案就需要考虑得更为细致和谨慎了。

第四节　提升店铺人气 4：巧妙定价

一、各种各样的价格，你是否认真思量过

如果你不懂得淘宝特色的定价模式，以目前的情况来看，基本上很难

有机会参加淘宝的促销活动，或者即使你参加了此类活动，也很可能会血本无归。为了全面剖析定价模式，在这里，我以女装为例，来讲解价格体系的构成。

1. 出厂价

出厂价泛指批发价格，即你拿到的女装批发价格。

2. 成本价

成本价即批发价加上其他费用后的价格，低于此价格销售必定造成卖家亏本。

3. 吊牌价

吊牌价是女装吊牌上印刷的价格。这个价格对于淘宝卖家来说是相当重要的，可以直接作为上架女装的一口价（零售价格）。一般来说，这个价格往往定得很高，正所谓"物低所值"。但是，非品牌女装在超市或服装市场销售时，超市与客户方面一般都不会考虑吊牌价，吊牌价基本上毫无意义。

> **Tips**
> 一口价设定为吊牌价，再使用打折工具进行销售，更易参加活动

4. 淘宝一口价

淘宝卖家对于零售价格的制定模式大体分为三类。

（1）吊牌价即零售价。这类价格往往虚高，虽然会作为卖家上架时制定的一口价，但实际上都只能依靠打折工具来重新制定价格。

（2）超市价为零售价。这类价格基本参考超市价格，有吊牌价的也不参考吊牌价，没有吊牌价的则参考实体店铺的销售价格来制定一口价。也就是说不考虑吊牌价，而参考实体店售价。

（3）不打折价为零售价。部分卖家采用不打折价格销售，一律不还价，保证了卖家的基本利润。

一般情况下，不打折价格会低于实体店铺的售价，这样可以保持网店的价格优势，而且网店本身不需要支付昂贵的店铺租金等费用，可以大大减少成本，从而降低售价。

这三种一口价卖法，都是对照实体店定价来说的，或高于、或持平、或低于其价格。

而超市价格也有两种：一是初始零售价，二是打折促销价。上面说的超市价格为前者。

5. 店内促销价

店内促销价以单个店铺为主体，卖家自行采用打折工具进行促销的价格。普通打折工具最高折扣限度为7折，官方促销工具可以低于7折。

6. 官方活动价

以淘宝官方为主体，卖家制定符合官方要求的促销价格，以参加官方高流量展示的活动价。

目前官方活动制定的准入条件一般有三个特征。

第一，必须是历史最低价。

第二，禁止先提价后打折。

第三，必须为超低折扣。比如1～5折、1～3折。

很多卖家就是想不通："我卖的商品怎么可能打1～5折，哪有那么高的利润？""打5折参加活动，要是卖出一万件，岂不是赔得内裤都要当掉？"

根据上面对淘宝价格体系的了解就可以知道，如果你开始上架女装的时候，所采用的一口价是"吊牌价"，平时都使用打折工具来进行打折销售，那么参加官方活动时1～5折的折扣就很容易体现出来了。

现在来看某商品在促销活动中的价格演示。

图3-6是淘宝官方活动的商品展示坑位。原一口价为250元，活动价为60元，折扣为2.4折。

商品详情页（见图3-7）所展示的也是原价250元，天天特价促销价为60元，60个淘金币可抵扣0.6元。交易成功33件，累计评论20条。

其实，该女装的价格一直保持以68元的价格进行打折销售。

由此可以看出，该商品虽然一口价是250元，但一直运用打折工具按2.7折在销售。参加淘宝官方活动时的卖价为60元，算是按2.4折销售，而实际上活动价格和平时的实际售价仅仅相差8元，实际折扣只有8.8折。

图3-6

图3-7

倘若该卖家不使用打折工具参加促销，其8.8折的折扣远远不能达到官方要求的1～5折，因此必然会被排除在活动的准入门槛之外。而卖家一开始就以250元的高价定一口价，通过打折销售，就能以仅仅8元的差价轻松符合淘宝活动准入的三大条件。

这也是很多买家炮轰淘宝虚假打折的缘由。买家以250元的高价商品来要求此款女装的品质，买回来之后却发现这件衣服其实也就值60元钱罢了。可是，如果买家指责淘宝涉嫌价格欺诈，却是没有充分依据的，原因是：

其一，打折是实实在在的。

该女装原始价格确实为250元，在市场经济中卖家享有自主定价的权利。价格是卖家定的，不是淘宝定的。

其二，买家买到的商品确实是历史最低价，而且卖家的行为不属于"先提价后打折"的违规情况。

在成交记录里可以查看到，买家确实享受到了实在的折扣。"既然你都已经以历史最低价买到了商品，还有什么可抱怨的呢？"

如果因此判定淘宝上的所有商品价格都是虚高价，那么就是"一棍子打死一船人"了。因为还是有很多卖家的的确确是亏本销售商品来参加活动的。兹举一例来证明这些亏本卖家参加活动有多么不容易。

如图3-8所示，该卖家以原价10元的毛巾3元包邮的价格参加活动。按照平均每个包裹5元运费来计算，一个账号拍下一条毛巾，该卖家最少亏本5元，卖出1万条则会亏本5万元以上。

该卖家上架此款毛巾时的一口价为10元，没有使用打折工具进行促销，卖价始终是10元。活动促销价为3元，其折扣为3折。

面对如此参加官方活动的卖家，我只能说一句："伤不起，真的伤不起！"

买家都是用脚投票，因此这种卖家的成交率明显会高于以打折工具促销的卖家。

但是，作为淘宝卖家，你需要思考这样血拼到底有何意义。你来淘宝是为了赚钱，而不是亏钱的。如果你不懂如何利用交互式搭配营销方法，那买家只会支付3元钱拍你一条毛巾就走人，这样便丝毫没有带动店内其他商品的成交活跃度。活动过后，你不仅亏了钱，而且即使你利用此款商品在几天内如愿成为皇冠卖家，你的成交量可能又会马上回到原点。这种情况下，店铺肯定是难以为继的，甚至直接面临倒闭的危险。

图3-8

目前，淘宝对于参加活动的商品的价格管制趋于严格，确保活动价格为历史最低价是其基本准则。如果恶意将初始一口价定得太高，然后打1折参加活动，那就显得愚蠢至极了。这种情况极有可能受到淘宝处罚，如取消活动资格或者永久性拒绝其参加活动。活动要求为1～5折，就不要选择以1折、2折参加，否则很容易被判定为恶意抬价行为（见图3-9）。

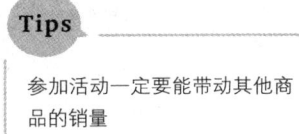

Tips

参加活动一定要能带动其他商品的销量

一件衣服定价为788元，那一定是高档品牌衣服了，而折扣价格才不到60元，不管是谁，用脚趾头想一想都能知道其品质肯定类似于地摊杂牌货。这样巨大的价格差异，还能指望瞒天过海参加活动吗？况且，这样的女装发货时肯定也会采用非常普通的简易包装而非高档包装，与其原价788元的档次严重不符，属于明显的价格欺诈行为。淘宝如果选择这样的商品注入流量，那岂不是自打耳光，让业内人士看笑话？

在淘宝开店，定价是一门很大的学问，而当这门学问变得泛滥起来后，就只能让大部分卖家也随波逐流玩起了天天打折的鬼把戏。现在在淘宝搜索一些热门关键词后出现的商品列表页面里,已经很难找到不打折的商品了。其实这是一种很不正常的现象,但是基于淘宝目前的作风,面对这样的情况,我们恐怕也只能习以为常。

附因恶意提高原价被取消当次活动资格部分商家名单		
商家 ID	原价	折扣价
买东宝 庆用	788.0	58.9
yuxiah2008	499.0	69.9
刘阳 357001203	168.0	25.5
美美爱裤	296.0	29.0
伊婕 dress	260.0	29.0
jwcyn	268.0	23.8
月 is8845	300.0	29.9
四季亮护肤	399.0	39.9
睡衣世界J	299.0	28.8
永恒 2008	598.0	58.8
维罗 时尚天堂	490.0	49.0
liuwenjuan008	658.0	68.0
chiatv	349.0	34.9

图3-9

打折工具的泛滥,使得卖家在制定一口价时都不得不考虑提高卖价,以致逐渐形成了今天"打折淘宝"的局面,这一点尤其表现在天猫商品中。目前来看,淘宝打折乱象将可能长期持续存在。面对买家对淘宝促销价格的疲劳与质疑,淘宝也曾进行过一次又一次的整顿,以打造和巩固一些更有竞争力的品牌的活动。因此,想要通过官方活动对价格的审核,还得拿出更具竞争力的商品和价格来。你要相信群众的眼睛仍旧是雪亮的,过多水分与暴利的存在,会让你即使通过了活动审核出现在活动坑位上,得到了足够的流量展示,没有很高的点击转化率,没有大的成交量,最后只能是"一场空"。

二、淘宝定价需考虑的独特因素

现在总结一下在淘宝进行商品定价时,需要考虑的几个独特的因素。

(1)店内促销折扣率。

(2)准备参加活动的折扣率。

(3)淘宝官方大促活动时的折扣率。

(4)淘金币抵扣。

> **Tips**
> 定价要预留淘金币抵扣与好评返现的空间

(5)店内优惠折扣组合,包括优惠券、满减、红包、搭配减等。

(6)好评返现。

(7)店内 VIP 折扣。

(8)信用卡支付佣金。

(9)CPS 按成交计费推广佣金。

如果准备参加活动,则先考虑店内促销折扣率,再考虑 5 折以内准入门槛,适当拉大与店内折扣之间的差价,更容易获得活动准入资格及更多的成交量。同时,要预留适当的淘金币抵扣空间及好评返现 5 元以内的额度。如果利润已经很微薄,则要考虑搭配几款促销商品,以保持足够的购买动力,让买家一次性在店铺内购买多种商品,以赚取多件商品一笔运费形成的差价为利润点。

比如,A 商品是参加官方活动的商品,包邮之后每件大约只有 10 元的利润;B 商品按照原价销售,每件有 30 元的利润。在活动过程中,你把 B 商品降价 10 元,再与 A 商品进行组合销售,游说买家在你的店铺一次性购买两件以上 A 商品,或者同时购买 A 商品和 B 商品,这样一来,利润点就发生了变化。请看:

买家购买 A 商品一件,利润为 10 元;买家购买 A 商品两件,利润为 25 元,因为将两件一起打包发快递,卖家只需支付一笔运

> **Tips**
> 利润微薄者可搭配促销商品进行销售,以赚取运费差价

费，所以会多出来 5 元的运费差价；买家购买 A 商品和 B 商品各一件，利润为 35 元，因为 B 商品在降价后还可以获得 20 元的利润，以及一笔运费的差价。

所以，不同的设置与搭配，会直接影响你的盈亏情况。巧妙设置，你就可以轻松实现盈利。

三、淘宝特色定价存在的必要性

为什么现在淘宝定价会如此混乱？究其根本，是缘于愈演愈烈的电商平台竞争。多年前，淘宝成功对"中国电商鼻祖"易趣造成毁灭性重创，进而发展到几乎"一枝独秀"的地步。但很快，其成熟而成功的平台运作模式，激发了其他众多投资方群雄逐鹿式的开发竞争与争夺。

腾讯投资拍拍网，几乎完整地照搬淘宝模式；"互联网霸主"百度上线百度有啊，放言三年内赶超淘宝，由此眼看 C2C 呈三足鼎立之势。即使百度有啊粉墨登场后不幸夭折，也没有止住大量资金流向电商的脚步，反而转眼就进入了"五代十国"般的局面，亚马逊、京东、当当、苏宁易购、国美、拼多多、网易严选等电商迅速崛起。这也让淘宝不得不投放更多的广告资金以维护自己在电商中的地位。

我曾在自己的淘宝个人空间里，写过一篇建议淘宝开发"批量购买、批量付款"功能的文章（以前购买商品只能单件购买，即一次只能买一件单品或者多件单品），据闻被提到淘宝内部例会上进行过专门讨论。淘宝小二甚至专门给我打来电话，与我一起深入探讨批量购买方案。但是之后的很长一段时间内，淘宝一直都没有任何动静，直到拍拍网推出中国第一辆电商"购物车"，实现了一次购买多种商品和批量付款，淘宝才跟着上线了此功能。

这时候，淘宝可能才真正意识到，倘若自己不变，就已经无法稳固行业龙头的位置了。于是，淘宝在连续几年停止系统优化之后，又悄然加快了升级步伐。不仅在店铺操作系统上、店铺展示风格上、流量分配模式上进行了不断的升级优化，也在自身品牌的提升上做出了更多的投入。

所有的不变，是为了稳定系统；而所有的变，则是为了稳定地位。面对大规模的广告宣传，淘宝打折促销必然是唯一噱头。这就意味着，电商之间的角力之战，无论是淘宝，还是京东，都离不开"打折"这个永恒的关键词。

现在，你应该已经了解，淘宝卖家为什么会被逼着打折。因为如果你不打折，就不符合淘宝的流行定价趋势；如果你不打折，就跨不过淘宝高流量活动的门槛。某种意义上，淘宝又何尝不是被逼着打折呢？

四、打折工具，天天打折从未停歇

使用最频繁的打折工具当属单品宝、优惠券、店铺宝、搭配宝、淘金币等工具，部分工具是需要进行订购才可以获得使用权限的。

更多的店铺使用多重打折工具对商品进行折扣。如图3-10所示，原价168元的商品打折到了26.8元，折扣比例超过80%，不仅如此，还可以使用淘金币进行抵扣。这么夸张的打折比例，对于没有太大野心的卖家来说显得很不自在，但是商品的成交量却非常高。

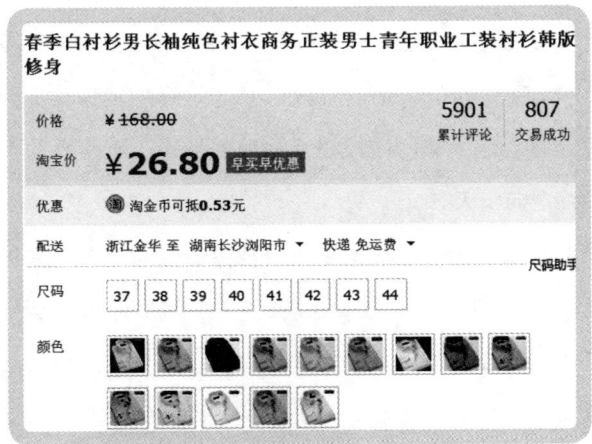

图3-10

五、参加打折活动后，反而走向死亡

所谓的活动商品，不仅仅指的是天天特价、淘宝清仓、聚划算等淘宝站内活动商品，还包括站外第三方活动商品，即站外推广中会提及的各大导购平台。很多卖家在参加完一次活动获得不少销量后，发现这款商品恢复原价以后基本趋于无成交状态（甚至长时间无成交而彻底滞销）。这究竟是怎么回事呢？为什么一次活动没有让商品变成腾飞的人气宝贝，反而走向了死亡之路？

一起来看一下活动商品的裂变过程，你可能就会明白其中的道理。

第一步：发布新商品，设定高价，使用店内折扣工具进行打折销售。

第二步：通过各种渠道培育该商品的人气值，增加销量，并不断趋于稳定乃至上升。

第三步：以折上折价格报名参加活动，走向"降低售价、增加流量、增加成交"的极速裂变过程。

第四步：活动完毕，繁忙发货，忽略该商品的管理，渐渐走向"流量暴跌、价格上升、成交骤降"的过程。在这个过程中，之前的打折降价导致买家的犹豫心理，觉得"我比别人买的贵了很多"，从而使转化率骤降。

纵观第一步到第四步的整个过程，转换率的演变大致为：第一阶段2%，第二阶段5%，第三阶段10%，第四阶段0.1%。这样的走势其实严重违背了正常商品的培育过程。进入第四阶段以后，随着流量、转换率的下跌，商品被大幅降权，最终走向覆灭。

参加活动的目的是为了增加销量，培育更加强大的人气宝贝。但因为活动的折扣力度过大，利润往往非常微薄。很多卖家参加活动就已经是亏本销售，加上上文所呈现的四步发展历程，导致店内人气宝贝走向覆灭。一个店铺就可能因为一次又一次的活动走上了不归之途：他们做一次活动就做死一个人气宝贝，最终只能"曲终人散"。

那么，应该如何操作才能保证活动商品成为"不死之鸟"呢？

最关键的就是活动商品的价格调整策略。

这里我先来介绍一个可能会导致封店的营销策略，虽不符合规定，但其定价理论还是很值得借鉴的。

yy研究出了一个新奇的点子，而这个点子看起来还真的可以让一个店铺迅速成长。首先，他选择了一款成本为30元的鞋，设定一口价100元，再通过打折工具把价格调到0.1元包邮。此外，还设置了"一个淘宝账号只能购买一双"的规定。然后，将此商品链接在论坛或者关系圈中随便一发。由于一毛钱对于任何人来说都算不上什么，99%的买家会认为，"反正就一毛钱，商家也骗不到我什么，而且即便支付了钱，支付宝也不会打款给商家，没准还真是商家搞促销活动，我得了一个大便宜呢"。

尤其是当这些买家看到"一个淘宝账号只能购买一双，多买了不会发货；价格随时上涨"这样的提醒之后，其购买欲更是被大大激发起来。他们甚至通过自己的关系群不断地传播这款商品，鼓动周边人群抢购。

第二天，yy把0.1元包邮修改为1元包邮，这样也仍旧阻止不了买家抢购的激动情绪。成交量还是在不断地持续变大，单日成交甚至可以破千上万，流量源源不断地输入这个小店。

第三天，yy把价格调整为6元包邮；第四天，又调整为9.9元包邮；一直这样调整下去，直到变成59元包邮。在这个过程中，yy从达到保本的价格节点上下时开始发货，此前的订单一概不发货，如果有买家申请退款，也拖着不同意，这样就都不会在前台显示出来。

再来看下流量变化，日流量从第一天的零开始往上急速增长，直到过千上万，随着价格的不断上涨，流量也逐步下跌直到企稳。yy在保本前期可能略有亏损，但是之后的调价让其轻松扭亏为盈。

这样的做法显然是旁门左道，最终可能引发买家投诉和同行投诉而导致封店。有的卖家改良了这套营销方法，在商品描述中加入类似"0.1 元包邮抽奖""按照系统抽选分批发货"的内容，或者擅自修改承诺发货时间为 1 个月等，也均属违规行为。

所以，在此并不提倡这种做法。之所以提到它，是因为这样的营销方法值得我们思考的是——流量、价格与转换率之间的变化过程。回顾前面提到的一般活动商品的裂变过程，可以发现，当流量处于下跌到企稳阶段时，买家最关注的是价格。如果从活动价格直接恢复到原价，那么转化率就会直线"跳水"。转化率的暴跌，又会直接引发流量暴跌。而采取上面的"逐步提价"方案，将可以缓解买家对价格差异的不平衡心理。比如，商品打折后价格是 30 元，活动结束后，你提升 10% 的价格，也仅仅加了 3 元而已。一般的买家对此是可以接受的，这样，转化率就不至于暴跌，而这样的提价也并不属于违规行为。当这款活动商品的流量与转化率均逐步企稳时，再进行多次、逐步的提价，也就恢复到原来的价格了。维持一段时间的原价之后，你又可以拿这款商品去参加活动。这样反复轮回，并在活动商品中关联销售其他商品，带动整个店铺的成交活跃度，才是正确的操作方法。

> **Tips**
> 打折活动结束后，商品应逐步多次提价

第五节　提高店铺信誉度 1：增加好评率和动态评分值

以前淘宝只有评价系统，而没有动态评分系统。淘宝商城上线以后，彻底取消了好、中、差三个评价体系，C店也增加了动态评分系统。逐渐地，淘宝在搜索结果、参加活动时都摒弃了评价系统，而主要考核动态评分。这是因为，原来的评价系统只简单地把考核指标分为三个等级；而动态评分将其分为五个等级，在考核时划分得更细致，而且从商品相符度、客服态度和发货时间三个方面分开进行评价。另外还有一个重要原因，由于中评、差评对一个店铺的影响极为关键，便催生出了一种行业里的阴暗职业——差评师。差评师又分为职业性的和非职业性的，他们利用评价系统的缺陷，先给卖家差评，在向其索取非法利益后再删除评价。到后来，这些差评师越来越嚣张，甚至逐渐形成一条产业链。当其被组织起来之后就更为可怕了，他们可以对卖家的淘宝店铺进行围剿。小店铺惹上差评师之后，可能一夜之间就会成为一个信誉不良的死店。现在，淘宝进行评价改革，直接弱化好评率作用，主要目的就是为了让差评师无所遁形。

有些店主得到差评之后惶惶不可终日，总觉得店铺被蒙上了阴影，有了污点，其实大可不必如此心态。开店时间长了，便会知道虽然买家是上帝，需要尽心为之服务，但还是会遇到一些喜欢给中评、差评的人。这些人的目的可能是想让你主动联系他，出钱让他改评价。如果你的商品质量过硬、性价比高，就不用纵容甚至助长这些人的贪婪之心。

动态评分则会影响到店铺的运作，如果动态评分下降得特别厉害，便意味着转化率会降低，从而导致淘宝对你的店铺输入的流量大幅衰减。

一、商品描述相符度

表面上，商品描述相符度是对商品和描述的相符度进行考核。但在买家看来，它实际上是一个用来评价商品的性价比与质量情况的指标。

商品品质，是决定店铺是否可以良性发展的最基本条件。如果商品品质太差，你就是拥有再神通广大的客服也无济于事。试想，买家穿了一天在你店里买的鞋之后,脚跟就磨出血、鞋面皮革起皮、鞋底脱胶开裂,他对你的商品描述相符度会给多少分?另外,有的商品,即使你在描述中已经注明了商品的某些特性,但由于买家没有仔细阅读而造成商品损坏,买家也一样会怪罪于你。比如,有的衣服不能机洗,买家就是机洗了,造成衣服损坏,他就可能会给你 1 分;又比如,有的商品已经明确了其长、宽尺寸,买家收到之后不用尺子量,就是觉得不够尺寸,他也可能给你 1 分。对于这类情况,就需要在商品描述内容的撰写上多下功夫,尽量避免之。

二、卖家服务态度

其实,让商品描述成为最优秀的售前客服的卖家,才是最聪明的卖家。让买家自助购物,不仅可以减少客服数量,节约成本,还可以让买家减少与客服的沟通或者对客服的纠缠,自然就可以提高服务态度评分。

而对于买家来说,服务态度不仅体现为前面所提到的基本素质,还体现在其他三个方面。

1. 客服应答时间

客服不在线的时候,可以设置自动应答。一般来说,客服应答时间长,多半是因为忙不过来,而通过巧妙设置快捷短语,就可以减轻客服打字的压力。

> **Tips**
> 客服应答时间、相关推荐、售后服务决定买家对服务态度的评分

2. 相关产品推荐

买家其实更愿意在同一家店铺选购更多相关的产品,而导购客服是否可以快速了解买家需求并准确推荐相关产品,就显得尤为重要。

3. 售后服务

当买家由于尺码等问题提出换货时,对于大部分包邮商品,客服可以爽

快地答应承担第二次发货的运费，往往会让买家觉得卖家服务不错；而纠缠于让买家承担运费的，结果可能会由于买家熟知运费规则，导致卖家不但要承担运费，最后还被买家给了1分评价甚至以投诉相要挟。

　　大多数淘宝卖家做到一定程度，往往都可以悟出一个道理——大店人满为患，小店颗粒无收。这尤其表现在淘宝官方大促活动前后，买家去参加活动的商家那里购物，购物体验非常差，比如咨询客服没人理，延迟无数天才发货，过了无数天才收到货，需要售后服务时同样没人理；即使买家威胁给差评，卖家也是一副无所谓的态度，等等。你认为你的评价会对卖家造成很大的影响吗？不，下一波评价会马上把你的评价淹没。但其实也不能完全怪那些卖家，也许是因为他们的电脑没办法开机。成百上千的旺旺咨询，持续不断的交易提醒，足以让电脑瞬间死机。不管是什么原因，不少买家因此还是更愿意去小店购买商品。一对一的服务，可能会让买家觉得自己更像上帝，能得到更多的尊重，但这也可能是小店在竞争中唯一的优势了。

三、发货时间与快递选择影响买家评分

　　90%以上的买家非常重视卖家的发货时间，他们都希望付款后，卖家当天就可以发货，自己可以尽快收到购买的商品。因此，卖家对于仓储的管理就显得尤为重要，需要制定严明的发货程序为将来的发展奠定重要基础。比如，发货人员对打印系统要能娴熟操作，对打印机的日常维护、买家备注留言的审核、货物出库和销售清单的核对等都要做到有根有据、有规有矩。有条件的还可以在仓库安装摄像头，监控分拣内容和清单的对应情况，拍摄快递单号、商品重量称重据实录像，并记录单号、发货日期和打包时间，以备日后精准调用监控内容查实存疑订单。对于库存管理，可以采用ERP系统，授予不同的人以不同的查询权限。

> **Tips**
> 对于可预见的销售，可提前将商品打包入库

对低于库存警戒线的商品，及时提交补货申请，以防因缺货造成延时发货。只有规范有序的操作，才可以形成高效的流水作业，以应付参加活动后高流量下的发货量。

对于可预见的销售，可以提前将商品打包入库。一旦成交即可打印快递单，直接出库发货，提高发货效率。对于同一买家的多笔订单，在销量暴增、难以应对的情况下，可以分多个包裹发货，以减少因合并订单时人工拣货的出错机会。比如，将预计会成为爆款的五种活动商品提前包装入库，当一位买家使用购物车同时购买三件商品时，直接打印三张快递单，分三个包裹发货。虽然这会增加部分快递费，但却可以大大提高出库速度，降低员工的出错概率，从而减轻售后压力。与此同时，你是否想到过要提前印刷一份分开发货的说明通知，将其放在包裹里以解决买家的疑虑呢？很多卖家正是因为没有考虑到这一点，才导致买家认为是卖家少发了货而在旺旺上咨询，或者求证其他快递包裹的单号。

有的卖家自认为服务态度良好，却不明白为什么自家店铺的评分总是低于行业水平。他们可能忽略了一个问题，那就是快递公司的选择。由于买家所在地的快递公司的不同情况，有些买家在购买商品时会留言选择特定的快递，这点常常被卖家忽视。很多卖家对这样的留言视而不见，仅选择与自己有合作的快递，这样就造成了其与买家之间的矛盾。对于这样的卖家，买家怎么可能满意呢？

四、如何提高店铺动态评分

大多数大卖家面对洪水一般涌入的买家时，往往无力应对，而淘宝的大促活动又不能不参与。为了解决因客服服务不周而造成的动态评分下滑的状况，目前多数卖家所采取的措施是"给5分好评返现"

> **Tips**
> 好评返现不宜出现在商品描述页面，最好随包裹宣传

的制度。

好评返现，确实是提高店铺动态评分最行之有效的手段。虽然会使成本提高 1～5 元，却可以明显地提高动态评分。

至于具体的实施方法，建议不要在商品描述内容页面中进行好评返现的宣传。采用在包裹里投放印刷品的方式，明显更胜一筹。因为在选购商品的时候，好评返现可能会引起购买者的疑虑，质疑其信誉度的真实性，从而丢失潜在客户。

在包裹里面放一些小赠品，也可以提升店铺评分。你可以根据商品的利润情况放入价值不等的赠品。如果在店铺中没有宣传有赠品，买家收到赠品之后反而可能会觉得是意外的惊喜，进而提升对你的店铺的正面印象。

> **Tips**
>
> 通过好评返现、发放赠品、延长保修期等提高动态评分

可以投放的赠品有三围尺、耳挖勺、手机挂件、手机贴膜、半码鞋垫、超细纤维毛巾、纯棉小方巾、鼠标垫、无纺布手提袋、袜子、开瓶器、牙签、钥匙扣、迷你订书机等。选择日常生活中必备的一些小物品可能会更受欢迎。此外，对于电器卖家，其提升动态好评的方法还可以是增加半年、一年的保修期。这显然可以大幅增强买家对商品品质的信任感，买家也会非常愿意以 5 分好评来兑换延保时间。

五、文字评论、买家图片秀和视频秀的重要性

在努力提升动态评分值的同时，不要忘记尽量让买家给予有文字的评论。文字评论体现的是买家、卖家之间的一种互动，不仅能提高商品的活力，还能提升潜在客户对商品品质与卖家服务的信任度。

大部分卖家都只重视文字评论，却忽略了买家图片秀的作用。其实让买家给予文字评论还算相对容易，让其晒图片才真正有难度。也正是因为

有难度，所以只要你做到了，就很容易脱颖而出。图片秀比文字评论更有价值，更容易说服潜在买家。在一次测试 SEO 的过程中，相关人员发现，图片秀越多的商品，

> **Tips**
> 买家图片秀多的商品的搜索排名往往更靠前

越容易出现在搜索结果页的前面。当然这可能有待证明。

除此之外，淘宝评论还新增了视频秀功能。诸多的卖家为了鼓励买家发表评论，而采取了 A+B+C 的奖励方法。即，发表十字以上文字评论奖励 A 元，发表三张图片奖励 B 元，上传视频一段奖励 C 元。

六、对中评、差评的应对措施

虽然淘宝在搜索权重和参加活动上已淡化了好评率的影响，但是好评率还是会直接影响潜在客户的购买意向。卖家解决中评、差评的不良影响，应采取"事前有效预防，事中积极处理，事后稳妥解释"的基本原则。

前文重点提到的"好评返现"，其实就是一种预防措施。当买家看到包裹里面有返现的宣传单，第一反应往往是只要品质不差，能返点儿就返点儿，虽然返的金额并不多。在"给中评、差评可能受到卖家滋扰"和"给好评就返现"之间，一般买家更愿意选择后者。

买家所谓的"受到卖家滋扰"，其实就是卖家的事中处理方法。虽然没有任何客服愿做这件苦差事，但是没有办法，若在旺旺上无人应答，还得再主动拨打买家电话。首先，表示道歉；其次，就买家的不满意之处进行解释；最后，再根据商品的利润点，给予能力范围之内的赔偿。

> **Tips**
> 妥善处理中评、差评的诀窍：一道歉，二解释，三赔偿

很少有买家给予中评或差评之后，收到卖家前两点解释就能主动修改评价。大部分买家会在收到卖家的赔偿承诺后同意修改评价，但是也有部分买

家不愿意修改评价，还有少部分买家会直接挂断电话而拒绝听任何解释。

如果已经无法和买家沟通，那么卖家对买家评价的解释就非常重要了。针对买家所说的不满意之处进行解释，或对不讲理的买家进行一定程度的反击，但这种反击要把握分寸，不能让潜在客户反感，认为卖家态度恶劣、推诿责任。

七、勇于承担责任和服务有度

你需要正视买家所提出的不满意之处，如果的确是你的责任，对买家进行部分赔偿就是你必须做的，不可以吝啬和推卸责任！如果你是非责任方，而只要买家给予中评、差评，你就一概主动提出赔偿、退款，这样只会纵容或助长买家的贪婪心理，并潜在地损害其他卖家的利益。

Tips

避免令买家反感的客服售后行为

哪些卖家客服的售后行为会让买家倍感不舒服甚至激怒买家呢？这里举几个例子。

（1）售前热情，售后装死的客服，令买家反感的指数为★★★。

（2）出现问题，推诿责任，不正面回答买家的质疑，顾左右而言他，一直无回应的客服，令人反感的指数为★★★★。

（3）出现问题，只要求买家拍照以进行取证而不言其他，取证之后又不提出解决方案的客服，令买家反感的指数为★★★★★。

（4）让买家无止境地等待的客服，令买家反感的指数为★★★★。

（5）以需要买家承担运费为条件，变相拒绝退货的客服，令买家反感的指数为★★★★。

（6）电器保修期间，以各种理由不予保修的客服，令买家反感的指数为★★★★。

随着买家的购物经验愈加成熟，他们对淘宝的规则也越来越熟悉，那些企图绕过淘宝规则（如包邮商品退货，提出由买家承担单边费用；买家因卖家延迟发货而申请退款时，卖家要求买家将退款理由"未按约定时间发货"修改为"无理由退款"等）的卖家反而会被买家看不起，甚至被投诉。

服务有度，这是卖家保持自己的尊严需遵从的基本原则。对于那些挑剔质量的客户，要尽量包容；对于那些要求退货退款的客户，应尽量满足；但是对于要求退全款却不退货的无理而又无赖之徒，以及那些索取无度的买家，应果断给予反击，直接回复差评陈述事实，以打击这类不良言行。当然，这样的不良买家还是非常非常少的。

八、正确面对买家的投诉行为

买家投诉，类似于甲、乙两方因私下调解无效而提出诉讼，最终由法院判决。所以，很多卖家非常惧怕买家投诉，尤其是天猫卖家，如果裁定为卖家责任，卖家不但需要履行卖家义务，还会被扣分，增加交易纠纷率，从而影响店铺的动态评分。

站在淘宝（含天猫）的角度来看，他们当然是想尽可能由买卖双方自行解决纠纷。因为做出判决的难度高，法院审判还可以获得不菲的诉讼费，而小二做判决却只会两头得罪人还得不到好处。所以小二介入纠纷的时间很长，在做出判决时往往避重就轻充当和事佬。

一方面，买家投诉必须有确凿的证据，比如拍摄的图片能非常清晰地显示商品的缺陷（衣服尺码不符的，需要用尺量出尺寸并拍照，以证明确实与商品描述中的有差异且不在行业标准允许范围之内）。没有图片作为证据的投诉，被驳回的可能性很大。在商品签收之后才提出破损的，责任方在买家。

另一方面，卖家应该持有的原则是：

（1）秉持积极而恭敬的态度。

（2）对明知自己会败诉的，应该尽可能地满足买家的要求，尽量请求买家撤销投诉。切不可听任买家投诉，否则不仅损失财产，也损害店铺信誉度。

（3）对明知买家会败诉的（无理、无据的要求），不惧怕。

（4）对交易过程做出适当解释，反驳买家的观点，提交沟通记录等对应的截图即可。涉及品牌卖家被指出售假冒伪劣产品的，淘宝小二会要求卖家上传正规的进货凭证，比如品牌授权销售书、正规发票等。

（5）以和为贵，做一个大度、大气的网店店主。

比如虽为买家责任，但买家确实受到损失的，卖家也可以给予一定的补偿。有时候，买家在签收之后才发现商品破损，原则上这是买家的责任。但是由于目前快递业的不规范，买家的验货权没有保障，这时候由卖家承担责任（或部分责任），无疑能凸显一位卖家的服务能力与责任心。

（6）不能利用淘宝（天猫）的管理漏洞，行不良之事。

利用淘宝管理制度的漏洞来逃避责任的卖家，最终将失去买家的信任。在此举一个实例，以供大家参考。

在官方促销活动期间，H买家在某品牌天猫专营店B店购买了一款羽绒服，商品价格为200元，运费为15元。由于官方促销期间允许卖家在一周内完成发货，B店在第7天通过EMS发货，又因为物流的蜗牛速度导致H买家在付款后的第20天才收到货物。H买家真心感觉自己等得花儿都谢了，而且关键是，这份迟来的温暖并不温暖——H买家穿上这件羽绒服之后，发现尺码小了！在H买家自认倒霉之时，其朋友发现了一个让人大跌眼镜的问题：这件"品牌"羽绒服的尺码领标被剪去了，再看吊牌上的尺码M，竟是用不干胶粘贴上去的。H买家的朋友以怀疑的态度撕开了这个不干胶，居然发现原来吊牌上面印刷的尺码是S。

H买家感到很寒心，"这样的卖家实在太过分"，便去找B店客服理论。B店客服半小时才说一句话，最后的回复是，需要H买家自付来回运费退换货物。H买家实在气不过，"等了快一个月才收到这衣服，结果还被卖家愚弄了，最后还要自己承担损失"。H买家于是拨打天猫客服热线，结果电话费用掉不少，打了N多次电话，每打一次换一位天猫客服，就得重复一次自己的遭遇，最后得到的回复却是，在无条件退款中，买家需承担来回运费进行退货。天猫客服判断的依据是，买家提出的理由，即卖家以不干胶覆盖吊牌尺码，不能作为依据（即生产企业有权纠正不正确的辅料显示）；买家需要证实商品实物的尺码与商品描述中的尺码不相符，才能判定由卖家承担来回运费。

而且，即使有足够的证据显示商品和实物不相符，确认是卖家的责任，H买家也无法以"缺货"为由，提出索赔30%货款的要求，而仅可以由卖家承担来回运费退回货物，并关闭交易、关闭评价权限。天猫客服判断的依据是，买家无法提出足够证据证明卖家在发货之时缺货。而唯一能证实卖家缺货的是卖家亲口承认缺货，并以旺旺截图为证。

面对这样的结果，我们也只能感叹买家的弱势地位与维权的困难。但无论如何，卖家的任何奸商行为，实际都是在自毁品牌形象，最终只会自食其果。

第六节　提高店铺信誉度2：正确看待卖家信誉度炒作

一、淘宝网对虚假交易的规定

淘宝规则第三十八条对虚假交易进行了定义和规范：

虚假交易，指会员通过虚构或隐瞒交易事实、规避或恶意利用信用记录规则等不正当方式，获取虚假的商品销量、店铺评分、信用积分、商品评论或成交金额等不当利益的行为。

违规行为纠正：下架商品、搜索降权商品、取消虚假交易产生的不当利益。

违规类型：一般违规行为（A类）/严重违规行为（B类）。

违规扣分与违规处理措施：

（1）情节轻微的（A类），每次扣2分。

（2）情节一般的（A类），每次扣12分。

（3）情节严重的（B类），每次扣A类48分。

（4）情节特别严重的（B类），每次扣B类48分。

买家如协助卖家进行虚假交易的，淘宝网视情节严重程度可采取销量不累计、屏蔽评论内容、评分不累计、限制违规/异常交易的评价工具使用、限制买家行为等措施。

二、是不是每个卖家都参与过信誉度炒作

多年前，淘宝搜索引擎的两个重要参数是橱窗推荐和下架时间。淘宝通过这两个基本参数来执行流量的分配。这看起来对卖家比较公正，基本能保证每个卖家都有生意可以做。但是时间一久，淘宝改变了想法，其认为：淘宝里面的卖家良莠不齐，很多优质卖家得不到流量上的扶持，好的产品的展示率不够；而相对来讲，很多不良卖家在客服、质量、发货速度等方面都做得远远不够。于是，"人气宝贝"的概念就这样诞生了！

淘宝认为，把流量花在那些转化率低的商品上是一种严重的浪费，如果给那些转化率高的商品更多的展示机会，淘宝的成交量将有爆发式增长。

人气宝贝的概念出来之后，淘宝经历了一个过渡阶段。在这个阶段中，人气宝贝被作为一个概念放置在搜索结果内，并不是像现在这样成为一项排序标准。卖得越多的商品，当然会越容易让买家跟风买。渐渐地，人气宝贝

也成为一项排序的标准。

卖家对人气宝贝概念的理解往往体现为，不管用什么办法，都要不断提高成交量，以便让自己的产品在搜索结果中靠前。他们也发现，原来的橱窗推荐的作用基本上已经淡化，七天下架时间成交的规律已经被打破。于是，他们逐渐意识到，炒作信誉度可能已经不管用了。现在的情况是，炒作某一固定商品的信誉度，让一件或者几件商品的排名靠前，才会带来比较多的搜索流量。尤其是那些本身搜索量就比较少的商品，经过很简单的几轮单品信誉度炒作之后，排名真的靠前了，在搜索结果页中排到了第一页，之后又进入第一屏，甚至长时间地排在第一行前四名内。而通过淘宝的人气宝贝优先展示，在获得更多的自然搜索流量之后，这些被炒作的商品就能在自然流量的成交下"浴火重生"。

不能说淘宝所有的卖家都曾经参与过信誉度炒作，只能说人气宝贝的权重之高，导致众多卖家自然地认为信誉度炒作相当重要。而且信誉度炒作，也确实可以带来更多的成交量。如果花费1000元的炒作费用，能给你带来10000元的成交额，你可以获得3000元的利润，那么，你会在信誉度炒作上花费这1000元吗？正是由于目前以"人气"定"流量"的搜索结果，才有了传说中的"十个淘宝九个刷"之说。

尤其对于天猫商城卖家，其年费返还的一项重要销售额指标，便是成交额度。通过考核成交额度来返还50%～100%的年费，更让卖家愿意为信誉度炒作花费更多的时间与精力。因为炒作的利益无疑更明显，比如卖女装的天猫商家，一年需要缴纳6万元的技术服务年费，年交易额36万元会返还3万元的服务年费；年交易额120万元则会返还6万元的技术服务年费。如果炒作一个信誉度的成本是20元，6万元可以炒作3000个信誉度；而通过打包的方式炒作，一个买家成交2～3笔，单品50～100元，则一笔交易可以产生约200元的成交金额，3000个交易就可以产生60万元的交易金额，这就达到了半年的交易额度返还点，接下来只要每天完成1000多元的交易额，就可以轻松拿到 6 万元的返点费用。这类行为的正当性确实有待推敲，但从经营与成效的角度来看，却又是不能不考虑的做法。

三、信誉度炒作热火朝天，为何自己炒作那么难

众所周知，炒作信誉度对搜索结果会有很大影响。可让部分卖家不解的是，那么多卖家炒作信誉度炒得热火朝天，为什么自己炒作起来就那么难？平时没有觉得自己人缘不好，到需要炒作信誉度的时候才发现自己认识的人真的很少，才做了几笔虚假交易，就抓破脑袋也想不出谁还可以帮忙了。连淘宝界定的 96 笔的数量都无法达到，你会不会觉得自己很失败？

其实，别小看了这 96 笔的数量，很多人都没法在短时间内达到这个额度。这么说，并不是为了鼓励你去炒作信誉度，而是为了让你正确地看待自己的推广能力。任何事情，不仅局限于淘宝开店，更不局限于信誉度炒作，都需要开发自己的潜力，你才可以完成得更加出色。无论是书上介绍的、网上介绍的，还是讲师介绍的，都仅仅是一种或者说一般的渠道与方法，更多的还得靠自己去探索研究，以开发出更多或者特殊的渠道与方法。

况且，你觉得书中、网上或者讲师会介绍详细的炒作信誉度的违规方法让你模仿并一一践行吗？不会，因为走歪门邪道无异于作茧自缚，最后的结果有可能是被封店甚至被提起法律诉讼。在正统思想指导下，所有人都只会规劝你不要进行信誉度炒作，或者宣扬"虽然你进行信誉度炒作没有被扣分，但其实系统已经扫描出异常，并已经对你的商品或者店铺进行了降权"等。

四、揭开信誉度炒作卖家的神秘面纱

在这里讲述一个案例（不考究其真实性而仅作为案例来分析），可以

借其揭开信誉度炒作卖家的神秘面纱,同时拷问淘宝该如何应对信誉度违规炒作,以扼制不正当利益输送,保证卖家的公平竞争。

M商家利用虚拟号码向在本店重复购买过两次的买家(即回头客)发送手机短信称:邀请买家加入M客户QQ交流群,所有群内用户均可获得每月两次的免费电器(如电吹风)馈赠。入群请注明是M老客户。

通过核对信息之后,买家S君进入了这个客户交流群,随后有客服联系S君核对淘宝订单等,并告诉S君,如果他愿意帮忙拍下M商家的产品并付款,M商家将向其提供免费礼品一份。这些礼品看起来还是值得让S君一试的,比如电吹风、电扇等。S君答应之后,便收到了M商家的一份电子文档,里面图文并茂、非常详细地介绍了操作流程。流程上基本是模拟淘宝的普通购买流程,比如:

(1)自然搜索关键词。

M商家可以利用"品牌"加长尾关键词来定位自己的商品。什么意思呢?比如说,同样是卖榨汁机的,那么谁都知道,"榨汁机"这一关键词的流量肯定要高于其他长尾关键词。你的商品排名不在搜索结果页的第一页,想要通过炒作信誉度的模式来优化它,以进入第一页,那么根据淘宝的搜索规则,以销定流,你就可以通过搜索"××品牌 榨汁机 电动 水果 豆浆"这个长尾关键词来定位自己的商品。再让参与炒作信誉度的买家找到该商品,拍下并付款。因为持续的炒作,销量得到了提升,一段时间之后,即便去掉以上关键词组合中的几个关键词,该商品也可能出现在第一页了。如果炒作得当,直接搜索"榨汁机"这个高流量的关键词,该商品也可能出现在第一页。

(2)点击直通车中对手的商品和自己的商品。

M商家可以设定好直通车竞价,让自己的商品在某个长尾关键词的直通车竞价位排在第三或者第四的位置。然后引导信誉度炒作者搜索这个关键词,并先点击直通车前面的商品，再点击自己的商品进入购买页面。这样的招数显得有些狠毒，不仅抬高了自己的销量，还以消耗对手的广告资金的方式打击了竞争对手。

（3）再次购买已购买过的商品。

M商家引导买家进入已买到的宝贝，搜索找到以前购买的商品，然后进入M商家的店铺，再通过店铺广告区选择需要购买的商品组合，引导老客户重复下单流程，完成再次购买。

（4）进入聚划算购买自己的商品。

M商家上了聚划算活动之后，在QQ群内要求会员点击"我想买"预热活动。到了活动日，引导这些买家进入聚划算找到自己的商品，然后拍下付款。对成交的用户不给予赠品，而直接给予5元的现金回馈。

（5）注册或发动淘宝客进行推广。

淘宝客推广属于站外引流，以支付佣金模式进行炒作最为"逼真"。虽然M商家为此可能需要付出更多的炒作成本，但其效果也会非常不错。

（6）店内模拟浏览、旺旺客服聊天。

除了以上引导模式，M商家还要求在店内模拟买家购物真实情景，比如浏览商品两分钟，并向M商家的旺旺进行简单的咨询，以产生假聊记录。

在"炒作信誉度"文档的最后，是承诺百分百返回付款金额到指定的银行卡里面。完成整个炒作流程之后，发送淘宝用户名、联系人、手机号码、银行卡信息及需要的礼品名称给QQ群管理员，管理员核实之后即会给予返款并截图告知。

S君按照文档中的内容详细地操作了一次，完成了付款，并告知返回现金的银行卡资料和需要的礼品，全程大约花费了几分钟时间。等信息确认完毕之后，M客服便将返款的凭证截图发过来了。S君通过网上查账，发现付出去的货款已经悉数退回。7天之后他也收到了卖家发过来的礼品，觉得非常满意，便在评论上写了很多漂亮话，并奉上全5分评价。

半个月之后，S君开始主动联系卖家做"任务"，卖家严格地按照半个月的期限规定安排了他的任务。时间一久，S君的礼品都成堆了。但他却渐渐开始不太满意了，这是为什么呢？因为他已经不满足于仅仅为一个商家进行信誉度炒作了，更希望自己能成为职业化"炒手"。

之后，在QQ群内又出现了新的管理员N卖家，自称是M卖家的朋友，也可以提供任务给群内会员做。面对群内会员对利益追逐的饥渴，N君也迅速将标准化的电子文档及流程要求发给会员来操作。

N君采用的方式不是免费赠送礼品，而是直接每单返8元现金，即买300元返308元。会员需要留下可以收货的地址，以供N君寄出空包裹后签收时用。

N君对于参与信誉度炒作的买手又有不同的要求，比如，他要求查看买家账号的淘大客（淘大客是一家可以查询淘宝账号的信誉度的网站），并要求买家账户一周内购买的商品数量不高于10件（N君的理由是，超过此购买数量的买家会被淘宝系列入监管黑名单）。

S君也按照文档操作，获得了8元的佣金。他和其他很多会员一样，希望得到更多的"任务"，从而轻松实现网上赚钱。

于是，L君出现了。他以私聊的方式联系到S君，说自己也是潜伏进来的商家，因为怕被管理员M商家踢出去便采取了私聊，并称可以为S君提供任务，每个订单也是8元的佣金。S君很感兴趣，便爽快地接受了任务。就这样，S君开始陷入L君的诈骗陷阱。

原来L君在另外一个A群里收到了任务，又在M群联系S君，让S君完成任务。S君把全部资料提供给了L君，L君就使用他提供的资料瞒骗了A群的客服。到支付返款的时候，L君将S君的银行卡信息替换为自己的银行卡信息，然后发给A群客服，导致返款进入L君的账户中。而S君支付了货款却并没有收到返款，便找卖家要求退款，从而造成纠纷。这种见不得光的事情发生后，恐怕A群卖家也只好自认倒霉了。

其实，倘若你仔细分析这个案例中所有的细节，就可以发现信誉度炒作并不简单，而是存在着未知的风险的。卖家要实现批量炒作信誉度，就需借助真实的物流信息以规避淘宝的排查，还得通过高额的回报诱使买家知恩图报，提高其用户黏度与忠诚度。他们通过提高单次购买的品种和数量来提高销售额，通过模拟实际购买流程来以假乱真地规避淘宝反作弊系统的稽查。然而，在这种灰色地带，卖家也有被骗的时候。正如上面的案例中所述，钱居然会被买家骗走，炒作信誉度的卖家没有办法找回发错的货款，还需要另外赔偿被害人的损失。

信誉度炒作往往趋向于团体规模化运作。团队往往会利用第三方平台，通过招揽卖家，发布任务，发动小/散买家接任务再收佣金的模式来批量完成。有些团队还通过收取入会会费的模式，招收小/散买家参与信誉度炒作。

五、走正道难道就没有成功的可能吗

关于淘宝开店的图书有很多，网上培训的视频讲座有很多，卖家服务市场里帮助卖家分析运营软件的也有很多，可为什么有很多卖家会认为学习了这些却没什么实用价值？

> **Tips**
> 时刻记住，商品排序的规则随时会变

我认为，产生这种想法有几个原因：

第一，遵循别人的思想，走别人的路，犹如跟在别人屁股后面捡钱一样难。如此多的人在前面捡钱，路上遗落的金钱都被一批又一批人捡走，留给你的还能有什么？也许，别人总结出来的是宝贵的经验。但是，这样的经验泛滥之后可能就会成为禁锢你思想的牢笼。

比如，我告诉你，商品排序的规则是按七天下架时间来轮回，那你可能一直会坚信这一点，而哪天淘宝悄悄地修改了规则，你可能也不会发觉。比方说，有一段时间淘宝推崇新品优先排序，刚上架的商品马上就会被检索到，马上就会有很多流量输入,这时候,如果你执意认为按照下架顺序,就会错过上新品争流量的大好机会;而等你反应过来时,这轮"游戏"却早已经结束了。我告诉你哪些时间段是买家逛淘宝的高峰期,你可能就会忽略春夏秋冬四季之别。我告诉你关键词设置的基本规则,你可能就会不再去思考更多的方法来优化。我告诉你如何优化关键词,你可能从来没有质疑过我说得对不对,或者今天对,明天是不是依然对。所以,前人的经验固然重要,但是后人只有突破这些经验,才能不落窠臼,才能青出于蓝而胜于蓝。

第二,自古教材都只教人走正路、行正事,基本上都是宣扬孔孟之道。在淘宝开网店也一样,只有正统的思想才会被搬上视频,写入书中出版,没有人会提那些卖家成功路上的"阴谋阳谋"、那些没被人挖掘出来的陈年旧事。你看过哪本关于淘宝开店的书教你如何炒作信誉度,教你如何针对淘宝促销的模式来制定有利可图的价格方案?不要怪那些图书的作者教给你的知识华而不实,成功的真理本来就来源于实践。

第三,不会进行自我学习,有太多卖家表现得"太傻太天真"。这是不成熟的一种典型表现。在上一本关于淘宝开店的图书出版之后,我经常会收到一些读者的咨询,面对其中的某些咨询,我没有立刻回复。为什么?因为这些人提出的很多问题,让我不知如何回答。就在写作这本书的过程中,还有人问我:"你知不知道怎么才能在×××网站上做广告?"我说:"联系网站客服或者查看网站帮助信息。"他又问:"在这个网站上面参与活动是不是要收费呢?"我知道,如果我抱着十分热情的态度继续帮助他,那么可能我花费一个小时的时间也没法处理完他一个接一个的问题。于是,我打开了他说的网站,直接把网页拉到最下面,找到"商务合作"的子项目"商家报名"的链接,点击打开之后,复制链接发给了他。过了一会儿,他又说:"网站的意思是要有钻才可以在上面做广告吧?"我只好打断他的提问,说"你自己看就可以了"。我真的觉得,有的人是不是该学会自己独立思考和判断了?如果一味地追问别人,会不会把别人错误的观点也当成真理来看待?

还有的读者甚至跟我说，他在××那里听说我那本书还不错，所以跑来找我要它的电子版，真是让人哭笑不得。我个人认为，这些不成熟的表现都在一定程度上预示着一个不成功的店铺的命运与归宿。

第四，失败通常源于懒惰。很多卖家在书中没有学会开店的真谛，却为自己想好了一百个失败的借口。其实，开网店是一件非常艰苦的工作。众多卖家的身体基本都处于亚健康状态。他们长年累月地坐在电脑边，体力和脑力都是严重透支的。如果你开网店是奔着工作轻松而去的，那么我可以肯定地告诉你："大错特错！"

那么，难道说开网店走正道就毫无机会可言了吗？答案是，走正道肯定是有机会的。不炒作信誉度，一样可以让你的店铺做得红红火火。要把生意做起来，最重要的还是要学会如何推广。以下将分门别类地介绍一些正当可行的推广方式。

第七节　有效的推广模式：阿里妈妈

阿里妈妈执行的是按照成交计费，即商品卖出才收费，这无疑是最有效的推广模式之一！

一、付费广告有哪些模式

先来了解一下网络推广收费的基本模式 CPC、CPA、CPM、CPV、CPP、CPS 有什么不同。

1.CPC

CPC（cost per click），按照点击广告次数收费，即点一次计费一次。先由广告主将资金存入广告平台，再选择点击一次愿意支付的费用，承销广告的网站在广告平台获取代码投放于自己的网站中，当访客访问网站时，便展示广告主的广告，访客点击一次则扣费一次。这是目前网络推广最常用、最主流的方式之一。关键词竞价是广告平台获取最大化利益的有效手段。谁支付的钱多，就让谁排列在最前面。中国最大的互联网公司之一百度，在其核心产品百度搜索中所呈现的结果显示方式，就是最典型的关键词竞价排名。因为广告主竞争激烈，导致关键词的单价水涨船高，一些很有价值的关键词的单次点击费用就高达几十元。而在淘宝中，直通车就是一种CPC点击广告，同样采用的是竞价模式。近年来，越来越多的企业入驻天猫，导致关键词的价格一路飙升。天猫还比较弱小的时候，淘宝常用的关键词价格也就几角钱一次；短短几年之后，就发展到这些关键词即使给出20元的单次点击费用也可能排不到第一页的地步了。

2.CPA

CPA（cost per action），即每注册一个用户，计费一次。淘宝就曾经采用过这样的模式进行推广宣传，即推荐一人注册淘宝并完成交易，就奖励推广者十几元。至于独立的淘宝卖家，因为技术手段限制，是无法应用这种推广模式的。之所以向你介绍这种模式，主要目的是提醒你：连偌大的淘宝都需要为增加买家而付出血本，作为一名小小的销售者，你又有什么理由不使尽浑身解数来做推广呢？

3.CPM

CPM(cost per mile),即一千次访问的价格,其最常运用的就是弹窗广告。当用户访问某个网站时，系统会自动跳出广告主的网站。弹窗广告是一种很让人厌恶的广告,很多浏览器也能够成功拦截这些弹窗广告。但是,淘宝在创建初期被易趣排挤到连广告都无法投放时,就是采取联合中小网站投放弹窗广告的方式才站稳脚跟的。CPM虽带有流氓性质,却能以低价获取巨额流量。

4.CPV

CPV(cost per visit),即富媒体展示广告,按照千次展示计费。所谓"富媒体",就是你在很多网站上看到的在网页右下角浮现的一个小窗口,当小窗口展示出来或者是视频播放完毕时就计费。CPM和CPV的区别就在于前者需要打开一个新窗口,而后者是直接嵌入原窗口,自然也就无须再打开一个新窗口。

5.CPP 和 CPS

CPP(cost per purchase),即每产生一次购买行为,计费一次。CPS(cost per sale),即以销售产品数量计费。两者的相同之处是,都是成功销售产品之后才计费;不同之处是,前者按照消费的笔数来计取佣金,后者则按照消费的金额来计取佣金。对于销售产品的网店来说,CPS无疑是最佳的一种推广模式。凡客诚品这样的独立网店平台,就是靠CPS发展起来的。其优势显而易见,不成交不付费,卖出去了产品,拿到了现款才按照自己设定的佣金比例兑付广告费。

6. 包月广告

包月广告即按照投放广告的时长来收费。阿里妈妈在创建之初,正是想让"广告成为商品",再进行自由买卖。但由于按时长收费的"包月、包周广告"对广告主的广告展示效果不佳,阿里妈妈便逐步放弃了包月广告交易平台,而专注于CPS平台。包月广告的投放往往不需要第三方广告平台的参与,基本都是广告主和网站主私下联系达成协议。而部分网站还采用在淘宝开店的形式,发布网站广告位包月商品供买家购买。其缺陷是,不对点击效果负责,即投放一个月，即使没有一次点击也需要支付协议的广告费。包月广告分为硬投和软投。硬投，是指在网站主网页的某个位置增设广告位，由广告主自行提供广告内容（文字和图片），广告和网站内容有比较明显的分割界限。软投，则是指网站主把广告主的广告完全嵌入自己的网站内容之中，访客不容易区分到底是网站内容还是广告内容。显然，软投广告的效果远远优于硬投广告的效果。

7. 内容广告

由广告主撰写推广内容，交付网站之后，再由网站以资讯内容刊登。比如，你卖的是厨房调味品，那么你可以找些知名的学习制作菜肴的网站，合作投放内容广告。或者，你可以根据大厨的经验，写一篇如何做剁椒鱼头的文章，并在文章里加入广告，从而引导家庭主妇们进入你的网店购买调味品。

二、阿里妈妈CPS推广模式概述

阿里妈妈是阿里巴巴旗下的一个广告营销平台，它是衔接淘宝卖家与推广者之间的桥梁。首先，卖家申请入驻阿里妈妈，并自行设定佣金比例。然后，推广者在平台的后台获取广告代码之后进行宣传，如果有人通过推广者的链接进行了购买并最终完成交易，阿里妈妈将扣除卖家的部分货款，发放给推广者。

阿里妈妈最大的优势就是"不成交不付费"，这让卖家的广告费全部用在了刀刃上；而且卖家愿意支付的佣金比例除了平台的最低要求1.5%之外，基本上是自行控制的，这让不同卖家能灵活地根据自己商品的利润情况制定佣金比例。

> **Tips**
> 阿里妈妈实行"不成交不付费"，对卖家极为有利

阿里妈妈的四大基本因子如下：

1. 淘宝卖家

淘宝卖家即广告主，佣金支付者。他们会选择让自己的产品加入 CPS 环节，并愿意就成交的订单进行佣金支付。一旦选择加入平台，则意味着其淘宝店出售的所有商品都加入推广，不可以选择某些商品不进行推广，就连放置于"其他类别"的"补运费""赠品"等也不例外。

2. 阿里妈妈平台

阿里妈妈平台即中间体，佣金分成者。阿里妈妈提供技术手段，将淘宝卖家的商品转换为广告代码，并实施效果监控，最后向支付宝发出代扣佣金指令。中间体主要通过收取 10% 的佣金作为技术服务费来维持生存。

3. 淘宝客

淘宝客即广告推广者，佣金主要获得者。淘宝客可以按照推广人群分为两类，一是网站主，二是导购者。前者需拥有自己的网站，后者则可以利用微信、微博、QQ、博客等进行推广，不需要自己独立的网站。推广者在阿里妈妈获得广告代码再进行传播，当有人通过其传播的代码成功购买商品时，即可获得淘宝卖家支付的佣金。阿里妈妈收取的技术服务费，是从淘宝客的佣金中扣除的，淘宝所产生的佣金收入还会被阿里妈妈扣税。

4. 淘宝买家

淘宝买家即购物者，为商品进行付费。买家所支付的货款在交易成功之后，支付宝会根据货款减去运费后的总金额，按照佣金比例自动扣下对应的佣金后支付给卖家。而佣金都积累在淘宝客的账户中，在下个月的 20 日左右扣除技术服务费和税金后发放给淘宝客。

值得指出的是，阿里妈妈四大因子中的淘宝客与淘宝买家可以为同一个人。这就意味着，淘宝买家也可以通过阿里妈妈转换淘宝商品链接而获取佣金。

三、淘宝卖家加入阿里妈妈的重要性

淘宝内部流量竞争显然已经白热化，加上众多卖家有组织性地炒作信誉度以提升商品人气、抢夺淘宝流量，在淘宝内部可能已经没有更好的免费提升流量的方法了。除非

> **Tips**
> 各大网站上的淘宝的广告几乎都来自阿里妈妈平台

你参加淘宝活动获得流量的二次分配，或者已经打造出人气宝贝稳定了排名，否则无论你听多少关于关键词优化的讲座，无论你如何优化商品的上下架时间，都只能获取淘宝分给你的基本流量。

因此，淘宝站外推广就变得不可或缺！上面介绍的各种网络推广模式，最适合淘宝卖家的无疑就是阿里妈妈的 CPS 推广模式。

现在你打开众多大型网站，都可以发现网站中投放有淘宝的广告，而这些广告基本都来自阿里妈妈平台。阿里妈妈的广告已经渗透到各行各业、大大小小的网站之中了。

四、推广者是如何进行商品推广的

淘宝客推广分为单品或店铺推广、活动推广、淘宝客群推广、组件推广、频道推广、微导购推广等几种模式。在所有的推广模式下，淘宝客都能将淘宝商品转换为自己的专属代码。

推广者并没有自己的网店，也不出售自己的商品。他们通过各种各样的推广方式进行宣传，都能达到成交的最终目的。正所谓"在商言商"，看到这里，身为一位卖家，你难道不觉得自己应该付出比淘宝客更多的时间、寻找更多的方法来推广自己的网店吗？

你可以在百度中搜索一些关于淘宝客推广的方法，其实某些方法也可以运用到你自己的网店推广中。如果哪天你觉得你的网店开不下去了，学会淘

宝客的推广方法也可能会给你带来丰厚的佣金。

五、佣金比例的设置

有的网店在淘宝站内的流量没有多少，但是卖家通过设置高佣金来吸引淘宝客为他们的网店做推广，而阿里妈妈所带来的流量可能远超淘宝搜索流量。所以，当你觉得对网店流量提升无能为力时，也可以尝试提高淘宝客佣金比例的做法，尝试一种崭新的推广模式，可能会给你带来意想不到的效果。

你可以去了解一下同行业中的"龙头"所设置的佣金比例是多少，来作为你的佣金比例设置的参考。例如，在通用计划分成比例中，某品牌女装为12.83%，某品牌化妆品为3.77%，某品牌女鞋为4.8%，某品牌电视机为0.66%……相对来说，女装类别的佣金分成比例整体上比较高，没有达到8%估计都吸引不了淘宝客的眼球。

六、通用计划、营销计划、自选计划的区别

通用计划指的是卖家设置的店铺所有商品统一的佣金比例，比如你设置为8%的通用计划，那么所有商品都将按照8%的佣金比例进行支付代扣。

营销计划指的是卖家针对某些商品（主推商品）单独设置的佣金比例，比如通用计划为8%，而单独设定某款商品营销计划佣金比例为20%，那么这款商品将按照20%的佣金比例进行支付代扣，而店铺其他商品按照8%的佣金比例进行支付代扣。

自选计划指的是筛选推广者（即淘宝客），可以针对部分商品设置通用计划以外的佣金比例。

七、推广的逻辑追踪

推广者进入推广后台,选择店铺进行推广,访客点击推广者链接系统会持续跟踪 15 天。15 天内,访客发生购买行为,卖家均须支付对应佣金,并不限制购买的次数,每次均须支付佣金。

八、商品打折了,如何统计佣金

买家使用了优惠券,不计入总额。如商品定价为 80 元,买家使用了 10 元优惠券,统计成交额为 70 元,佣金比例 20%,需要支付佣金 14 元。

淘金币不计入总额。买家使用了淘金币进行抵扣 5% 的现金比例,统计成交金额为 66.5 元,需要支付佣金 13.3 元。

集分宝抵扣,计入总额。

九、买家申请退款,佣金处理方法

如果买家在确认收货前发生了退款,则按照实际成交金额计算佣金。如衣服发生了破损,卖家同意线上申请退款 20 元,那么按照"定价－优惠券－淘金币－申请退款"统计成交金额。如果全额申请退款,则卖家无须支付佣金。

买家确认收货之后申请售后退款:当月确认收货的订单,如果买家在订单确认收货的下个月 15 日之前申请线上售后,系统都可以同步淘宝的订单维权状态,如果订单在下个月 15 日维权成功,当天返还佣金。

十、阿里妈妈推广技巧

使用阿里妈妈推广可以有效地避免广告费的浪费,不会产生无效推广,能让更多的人为你的店铺代言,让推广费用完全掌握在你自己手中,是卖家最好的推广方式之一!

在使用阿里妈妈推广时可以使用一些小技巧,增加成交,激活爆款。

1. 主推商品的佣金比例调整

如果产品在上架初期没有什么成交量,此时,可以加大佣金的比例,促使更多的人进行推广,必要的情况下,可以以亏本、成本价格进行售卖。等到激活了商品人气,可以获得一些自然搜索流量时,逐步降低佣金比例,直到回归自然。

比如,有的服饰类卖家,在初夏时将需要重推的男T恤的佣金比例设置为90%,这样吸引淘宝客进行大力推广,并可以吸引熟悉阿里妈妈推广的买家在高佣金产品中获得推广链接自行购买,从而获得佣金返回。经过持续的推广,这件T恤将获得不少成交量,不仅可以吸引自然买家的购买,还可以比较轻松地去参加各种活动。当T恤获得了稳定流量之后,卖家降低佣金比例到20%;当T恤进入盛夏销量旺季时,则可以取消营销计划,进入通用计划佣金推广模式。

2. 巧用淘宝客专属优惠券

很多淘宝客为了推广淘宝商品获得佣金,开设了属于自己的推广群体,比如QQ群、微信群,将它们定义为"折扣群",大致的推广宗旨是,服务周边熟人、同事、亲友等,帮助他们获得淘宝优惠券,以降低采购成本。在阿里妈妈发布优惠券,只有推广者才可以获得领取的地址。有人要购买某类商品,先在推广群询问群主是否有优惠券可以领取,推广者调取优惠券网址给购买者,这样,购买者的采购价格降低,推广者获得佣金,你实现成交并支付佣金。

如何生成优惠券?请先订购营销工具中"优惠券"服务插件,指定阿里妈妈淘宝客专属生成优惠券。

如图3-11所示,卖家在阿里妈妈进行的推广,商品价格24.8元,发放优惠券10元,实际买家成交价格为14.8元。这对于买家和淘宝客来说,吸引力度非常强。

图3-11

淘宝客可以通过发送"领券链接"来向特定对象推广（见图3-12）。

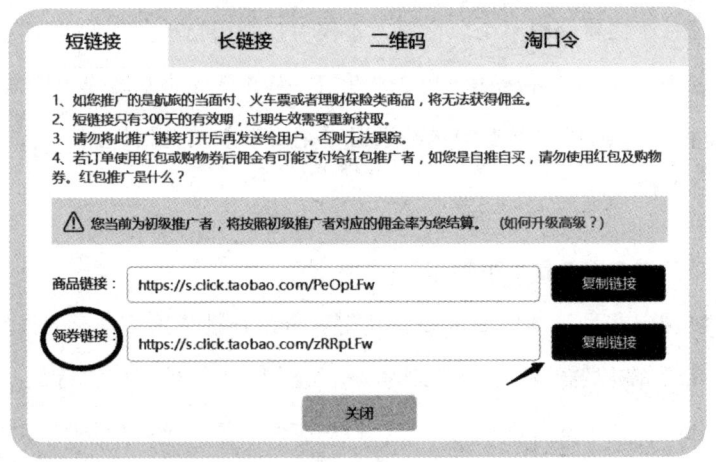

图3-12

请看图3-13：

A：3件55元，信息用红色显示，强调一次买的优惠性。

B：论证了本书所提出的特色打折定价模式。

C：199元打折为24.8元。

D：再次强调多买价格更优惠，提高客单价。包邮商品多买家有利于卖家获得更多利润。

E：集中多款到一个商品提高单品人气。

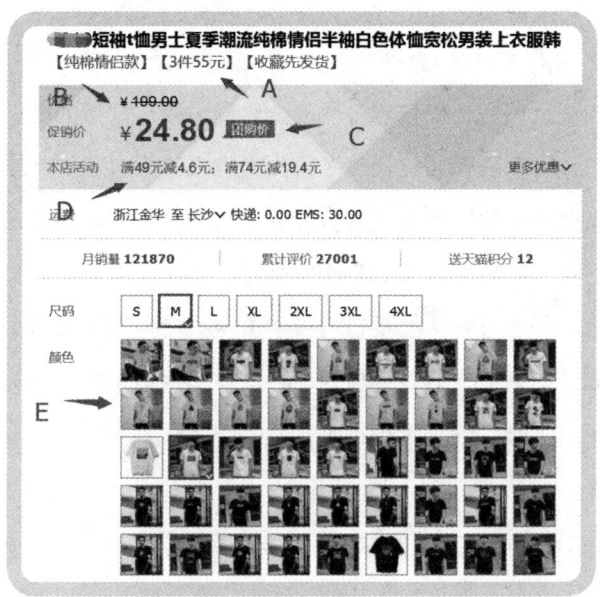

图3-13

在图 3-14 中，店铺优惠中的"省 10 元"，就说明买家使用了阿里妈妈优惠券，这无疑大幅度提高了卖家成本，卖家为了弥补这一销售渠道造成的损失，要极力鼓励买家一次性多买。

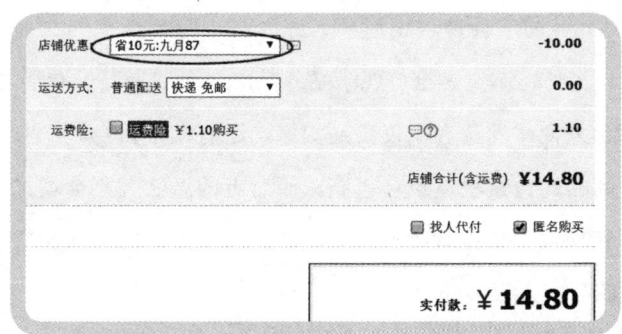

图3-14

3. 主动寻找淘宝客

阿里妈妈提供了淘宝客之间的交流平台，有实力的淘宝客主动组织推广活动，提供报名服务。

很多卖家加入阿里妈妈推广之后，便没有再关注过其推广、成交状况，而且在设置佣金比例时仅仅按照最低佣金比例进行，这样的推广往往收效甚微。那么，应该如何操作才能让更多的淘宝客来推广自己的网店和商品呢？

（1）提高佣金比例，让淘宝客获得更多的利益是最基本的法则。

服饰类别竞争压力大，其佣金比例是比较高的。不要因为自己赚得可能比淘宝客还少而心有不甘！如果自己没本事做推广，别人拿得更多是很正常的事情。比如，网络广告联盟推广，广告联盟和网站主之间的分成可能都是四六开，甚至三七开。建议你根据不同商品类别设置不同的佣金比例，比如女装10%以上、男装6%以上、女鞋8%以上、男鞋6%以上、女包10%以上、床上用品6%以上等。

（2）根据店内不同商品设置不同的佣金比例。

人气宝贝已经有了一定的销量，是否可以降低佣金比例？提高滞销商品的佣金比例，是否会增加销量？对于前者，降低佣金比例可能导致人气宝贝地位不保，排名降低。淘宝客在选择商品进行推广时，往往更乐意推广人气宝贝。因为买家的购物心理往往是"有很多人购买的商品肯定不会差到哪里去"，所以淘宝客通常会持"销量高、评分高、佣金高"的三高原则选择商品进行推广。另外，淘宝客推广属于站外推广，流量来源于淘宝之外，因此，从某种程度上来说，受益者不仅仅是卖家，还有淘宝自身。淘宝客带来的成交量越大，商品的搜索权重也会越高。而后者的做法并不会增加销量，因为其本身的滞销导致买家没有购买动力，转化率低下，淘宝和淘宝客都不愿意对这些滞销商品输入太多的流量。

（3）拉拢淘宝客也需要推广。

即便设置了高佣金比例，淘宝客可能也无法发现，所以卖家要在淘宝客交流论坛、微信群、QQ 群、旺旺群等进行宣传。还可以建立自己的淘宝客 QQ/微信群，当佣金发生变化、上架高佣金商品时，都可以及时提醒淘宝客。

第八节　门槛较低的推广方式：淘金币

淘金币频道有着比较长的历史，是淘宝网重点运营频道之一，它起始于虚拟金币全额或者部分兑换卖家所售商品，其规则也在不断的调整中。一个普通卖家，就是要摸透这些规则，让它成为流量的输入点。淘宝官方的很多活动，门槛都相对比较高，而淘金币的推广方式比较灵活。

一、淘金币的运营基本原理

淘金币是虚拟的货物，具有抵扣功能。

卖家可以通过"赚淘金币""花淘金币"和"参加活动"等形式来推广自己的商品。

1. 赚淘金币

卖家通过设置淘金币抵扣现金比例来引导买家下单，这样可以赚取淘金币。

2. 花淘金币

获得一定量的淘金币后，可以用淘金币兑取一定的流量，有四种方式。

第一种方式：金币频道推广。在淘金币推荐区和搜索区，以点击次数扣除淘金币方式计量。这种方式可以获得部分流量。

第二种方式：买家来店铺签到赠送。不过，买家一般不会为获得少量淘金币天天来签到，所以这种方式实际意义并不是很大。

第三种方式：店铺收藏赠送。买家收藏店铺即可获得淘金币，这种方式对于卖家来说有一定价值。

第四种方式：淘宝群任务赠送。

以下重点讲一下参加活动这一块。

二、参加活动——淘金币官方招商

淘金币的日常活动有50%金币抵扣等。报名活动有一定的条件要求，大体为（官方可能不定期地变更报名条件设置）：

（1）货值要求：如3000元。

（2）活动时间：如商品在线时间为2天，一个店铺每期最多可报名5个单品。

（3）店铺要求：如集市店铺要求3钻起。

（4）商品要求：如报名商品的30天销量大于等于30，商品图片尽量为白底。

（5）店铺成交金额要求：如店铺近30天支付宝交易金额需在15000元以上。

（6）商品价格要求：如商品报名价小于等于30天最低价，不支持区间价报名。

（7）店铺动态评分要求：如4.6分以上。

（8）快递要求：如全国包邮，港、澳、台地区除外。

三、加入淘金币推广的重要性

目前，手机淘宝用户的下单量早已经超过了网页版淘宝用户下单量，手机淘宝首页中"领淘金币"是淘宝 App 首屏重点推荐的导航之一。目前手机淘宝淘金币玩法中增加了"金币庄园"、受邀用户天天领红包限时福利、淘金币金主福利等。

金币庄园有收集庄园食材，免费兑宝贝的玩法，这与 QQ 农场是雷同的，不同的是，玩淘金币收集到指定的"果实"数量之后，可以免费兑换商品，这大大增加了手淘用户的游戏动力。

天天领红包有兑换五元红包的玩法。五元红包可以在金币频道购买任意商品付款时进行抵扣。只有设置了淘金币抵扣的商品才可以进行红包抵扣，而且是淘金币频道通用的（特殊指定除外）。比如商品一口价为 9.9 元包邮，淘金币可以抵扣 10%，那么买家实付款 8.91 元可以购买；而买家通过签到兑换了 5 元红包，就可以实付款 3.91 元完成购买，而卖家的实收款还是 8.91 元。

淘金币金主可以参与天天抽奖（可以获得金币频道红包等）、500 淘金币抢兑金币频道 5 元红包等活动。

这些针对手机淘宝用户的淘金币玩法，给淘金币活动带来巨大的流量，所以卖家应该积极参与，努力分一杯羹！

第九节　免费参加卖家扶持活动：天天特卖

天天特卖致力于扶持中小卖家，为免费的官方活动，是淘宝网多年重点运营的促销渠道之一，是中小卖家最值得关注的官方活动。

一、什么样的店铺可以参加天天特卖活动

天天特卖活动是一个针对新、小卖家的扶持项目，故报名活动的要求并不是很高，历年来基本限定了以下几个条件：

（1）店铺的创建时间和信誉度要求。

（2）动态评分的数值。

（3）虚拟产品成交比例要求。新手卖家不可为了冲击信誉度而开设手机充值、充Q币等业务，否则会造成虚拟产品成交比例大，不能报名活动。

二、什么样的商品可以参加天天特卖活动

历年来对商品限定的基本条件是：

（1）商品的库存数量。

（2）近期（比如30天内）成交的数量。

（3）包邮。

（4）活动结束后的一段时间（比如30天内），不得以低于天天特卖活动价报名其他活动或在店铺里促销。

报名天天特卖，首先要咬住"特卖"二字，即商品价格的问题。商品原价不高于全网均价，先提价再打折是肯定不能通过报名审核的。

只要你的图片、商品标题、出厂型号不和别人的重复，淘宝基本无法判断你的价格高低。后面的"先提价再打折"的意思很明白，就是说如果你的商品上架时的价格是50元，考虑到要参加天天特卖活动，打折之后你就无利可图，所以你在报名前临时将其价格提高到50元以上，这就是典型的"先提价再打折"。

聪明的卖家，往往是事前就考虑好要用哪款商品参加活动，在上架该商品的时候不按照常规价格定价而是提高售价，到报名的时候再打折，这就不属于"先提价再打折"。

当然，如果你仅仅是为了通过审核，提高售价可能也会被系统通过。但是，参加活动的最终目的是通过活动来提升店铺成交量。所以，价格偏高的产品即使展示在了天天特卖的活动页面上，也很难有理想的销售量。

目前，天天特卖所展示的商品的整体价格水平还是偏低的，所以深受买家喜爱。

没有竞争优势的商品，即使通过了天天特卖活动的审核，展示出来也很难有成交量。

（5）商品的近期表现，即在自然流量下获得一定的成交量。

淘宝严禁炒作销量，一经发现，立刻取消活动资格并做拉黑处理。在这点上，没有推广经验的卖家往往无法做到月销单品数量超过 10 件，而其炒作销量的手段又过于拙劣，比如：用同一个 IP 地址拍下商品并付款，或用同一个地址附近的 IP 拍下商品并付款，物流信息都是"无须物流"，发货地址都在不同区域，收件地址和物流信息没有一个可以匹配上。

> **Tips**
> 参加天天特卖活动忌依靠单品成交，应进行搭配销售

如果其他报名属性表现平平（比如一款衣服无法从图片和描述中得知其真正价值，而折扣率也无法反映其到底是否具有竞争优势，也没有值得参考的同款对比），30 天内销量则是其能否成功上活动的最关键的因素！道理很简单，既然无法从商品的横向属性进行对比，那么就只能从以往的销量进行纵向对比了。没有参加活动之前，100 元的商品卖得还不错，那么参加活动之后，80 元的价格显然就会具有更强的竞争力。

> **Tips**
> 选择性价比高的商品参加天天特卖活动，提高转化率

话虽如此，可是为什么很多商品上了天天特卖活动后，销量却还不如没上活动之时呢？直白地说，最可能的原因有两个：一是活动之前的销量都是信誉度炒作而来，卖家通过欺骗方式获得了入场券；二是活动商品本身不够有

竞争力，在精明的买家面前显得"弱爆了"。从商品在活动期间的表现来看，点击率低、成交低迷只能浪费活动坑位。因此，卖家只有拿出性价比高的商品，才是提高转化率的正道。切忌以参加活动为目的来炒作信誉度，而且利润过高只能丧失成交机会。

三、什么是9.9元包邮

9.9元包邮是天天特卖的一个栏目。选择热销、价值高的商品参加9.9元包邮活动，可以让你一天销售上千件商品。商品价格并非一定就是9.9元，而是小于等于9.9元。有的卖家为了促销，甚至以3元、4元包邮的价格进行亏本销售，但不建议如此操作。即便想通过这样的活动提升店铺信誉度，你也需要提供最少两款以上有竞争力的商品，在亏本活动商品中进行重点宣传，让买家一并购买其他产品以减少亏损，带动更多商品成交。

9.9元包邮活动做得是否成功，取决于你在搭配销售方面的能力。也就是说，如果买家到你的店铺内买的都只是9.9元包邮的单品，那么，你的活动可能就是失败的，因为活动没让你的店铺有任何实质性的提升；如果买家到你的店铺购买9.9元包邮商品，同时受到你的宣传影响而购买了其他产品，那么你的活动就是成功的。买家购买其他产品的数量越多，你的活动做得就越成功。

新手卖家往往在这点上做得远远不够，很多卖家单纯地认为只要上了活动就好了，而没有考虑9.9元包邮的基本都只能是小商品，这些小商品的价值原本就不是很高；天天特卖活动每期都充斥着这些翻来覆去以促销的名义销售的雷同商品，买家可能已经习以为常，因此没有太大的购买欲望。那么，如何才能从众多小商品中脱颖而出？你是不是得要些小手段呢？

对于如何激发买家一次购买多件9.9元包邮的商品，有一个方案值得参考，即满二减、满三减、满就送等——这正好对应了买家觉得要承担快递费不划算的心理。很多买家对包邮的思路是，购买一件总价格 10 元的商品，不管卖家是否包邮，自己均承担了快递费，因为羊毛出在羊身上，快递费当然是买家支付的；如果同时购买两件，买家就认为自己支付了两笔快递费，而卖家只发了一个包裹，这样买家自己就吃亏了。但随着包邮的盛行，受天猫不可改价规则的影响，买家只好也开始习惯不去计较快递费的问题。而推出"9.9 元包邮满减满送"的方案，正好可以打消买家对快递费的顾虑，迎合了买家的购物心理需求，从而大幅度地提高了客单价和转化率。

四、如何让自己的商品排到前面

无论是天天特卖活动还是 9.9 元包邮活动，报名的卖家都络绎不绝，每天展示的商品也五花八门，如何让自己的商品能够靠前面排列，则是值得考量研究的问题。

> **Tips**
> 要选择热销、价值高的商品参加 9.9 元包邮活动

其实，所有的规则，都是通过人为设定的机器算法。

举两个例子来说明。

第一个例子可能和淘宝没有太大的关系，论证的是互联网排名的一些算法，告诉你要细心地研究和体会规则，通过适应规则获得巨大的流量。这里说的是我自己亲身的经历。

多年前，阿里巴巴收购了中国雅虎，新上线了一个站长天下的产品，作为重点事业部门。所谓的"站长天下"，是让用户在雅虎开设属于自己的三级域名网站，这些网站可以为企业或者个人提供产品发布、文章发布等功能，属于傻瓜式的建站产品。除了普通的网站功能之外，站长天下还肩负了通过阿里妈妈推广淘宝网产品的责任。站长天下产品有一个排行榜，即通过设定的算法获得各网站数据进行排名，展示在雅虎的首页和频道首页。进入排行榜的网站无疑可以获得中国雅虎输入的巨额流量，用户便可

以在自己的网站中投放阿里妈妈广告，推广淘宝网产品，从而获得丰厚佣金。当年我注册了几个账户，通过测试摸索出网站排名的基本原理，让网站尽量往这些基本原理上靠近，经过不到两个月的努力优化之后，网站终于进入了排行榜的前三甲，之后一直处于排行榜的第一名。我记得当初我发现了一个给我印象比较深刻的排名"潜规则"——"网站频道和分栏的多少将计入排名因素，并占据一定比重"，我就利用了这个"潜规则"，直接升入排行榜的前一百名。

第二个例子，就说说淘宝网某些活动的排名规则。规则其实是通过智囊团研究设定的机器算法。为什么要采取机器自动排名？以前淘宝网的活动采用的是"卖家报名＋人工审核"的模式，淘宝小二可以直接分配商品的流量，从而导致了贪腐事件的发生。这样就必须减少人为干预的行为，削减小二手中的权力，通过智囊团设定机器算法，去权衡商品的排名。而这种设定的算法，就必须全程模拟用户行为，并为用户推荐商品。

比如，天天特卖报名审核通过并展示的商品可能是3000件，那么官方应该如何更好、更有序地陈列这3000件商品呢？方法是将它们进行分类，比如女装、男装、内衣、家居百货、母婴、食品、鞋类、美容美妆、箱包配饰、数码电器、户外运动这11个类别，那么简单按照平均算法，每个类别呈现的就是约270件产品。这样就可以让买家更好地通过分类来甄选心仪的商品。除此之外，还可以通过价格进行分类，比如，9.9元包邮、39元包邮、69元包邮，将3000件商品划分到对应的价格区间内，来凸显价格优势。即便如此，在某个类别和价格区域内，陈列的商品也还是数量众多，那么这些商品又该如何进行排序呢？如果采用人工方式排列，又将意味着淘宝小二的权力可以被滥用，所以就必须采用一定的机器算法让商品进行排序。

淘宝网在商品排序时，必定采用的策略是：

（1）让受买家欢迎的商品获得更多的机会、更多的成交。相反，让滞销的商品自然淘汰。

（2）买家需要购买什么，淘宝做相应的推荐。

有的卖家会根据这两个基本法则来模拟成交激活机器算法，从而达到排列在前。当然，在设定的机器算法中，淘宝会加入反作弊算法。在模拟和在反作弊算法中进行较量，卖家模拟成功了，商品获得的成交量越来越大，如果触发了反作弊系统，就会受到一定的降权处罚。

比如有的卖家在活动上线之前，就会进行一系列的策划，有计划地安排如何激活排序。他们通过小号，用多种方式去模拟成交，比如，先对商品进行自然搜索，输入设定关键词测试自己的商品排列在哪里，选择该商品，并向机器算法表示对该商品有很深的兴趣。

该如何向机器算法表示自己有很深的兴趣呢？如对商品进行深度的浏览，查看详情页面，查看评论（评论中的图片、视频和中／差评）等，全程模拟买家行为即可表达。然后，来到天天特卖活动页面，找到商品进行付款成交。通过多种模拟行为，发生了付款，便增加了该商品的权重，商品便向前排列了。

天天特卖活动商品的排序，并不是一成不变的。比如，淘宝网会在全部商品中选择几个坑位来放置本期最受欢迎的商品，这可能是淘宝小二人工干预的结果，也可能是根据机器算法出来的结果。然后，会根据访客的兴趣来做展示，即对每个访客所呈现的结果并不相同。比如，访客之前搜索过某类商品，或者浏览过天天特卖的某个商品，它们则会被排列到前面。

排序的机器算法会以不同的方式逐步被人识破其最重要的机关，所以在一段时间后，这种算法可能就会被更改规则或做进一步的优化。

你如果不太熟悉这些规则，可以多看看社区卖家经验帖，或者加入一些活动交流群进行探讨。

第十节　免费提供商品给买家：阿里试用

阿里试用也是淘宝网多年坚持运行的一个推广项目，主旨是让卖家提供一定价值（比如大于5000元）的商品去报名申请参加活动，通过审核之后排期，让淘宝注册用户在手机客户端进行申请免费试用。

通过提供免费试用商品，卖家会有哪些收获呢？

（1）意向买家进店及宝贝、店铺收藏数量增加。免费试用刷店铺收藏量是非常快速的，因为凡是需要申请免费试用的买家，都需要通过"任务"方式来收藏店铺，只有通过收藏任务才可以申请免费试用。而店铺被收藏的数量也是影响商品排序的一个因素之一。

（2）用户给你带来品牌推广及影响力的提升。

（3）产出的真实和全面的优质试用报告：成功申请到免费试用商品的买家需要提供试用报告。

第十一节　按照点击付费：淘宝直通车

淘宝直通车，是一种卖家自愿选择付费推广的关键词竞价工具。关键词竞价，其实质是利用增加拍卖方式让出价高者排列在前面，从而改变搜索结果的公正性，它是互联网公司最重要的盈利手段之一。

一、淘宝直通车到底是吸血的魔鬼，还是创收的魔杖

因为直通车可以直接改变商品排序，优先将自己的商品展示在前面，直接增加商品曝光率和流量点击，所以，直通车是绝对可以大幅提升成交量的。但是，在这个年代里，谁也不清楚坐在电脑那边的看不到的竞争对手到底有多大的实力。卖家之间的关键词角逐，有如烧钱比赛。

有的人，一天烧三十元直通车"油钱"，都倍感压力；有的人，一天烧三十万元直通车"油钱"，还不屑一顾。各卖家的实力差距过大，也导致了直通车操作的难度特别大。

所以，给淘宝卖家一些忠告。

1. 不了解直通车原理、规则时，不碰直通车

不当使用直通车进行推广，造成烧钱的速度是有点可怕的；而面对直通车测试效果，总结个人"开车"经验所支付的成本代价也是相当高昂的。

2. 尽量避免目标关键词竞价

尽量依靠长尾关键词竞价来获得便宜的流量，不要和别人硬碰硬，哄抬目标关键词单价。"目标关键词"在这里可以解释为大类别关键词，"长尾关键词"则可以解释为子类别关键词。

例如，你需要购买一件"白色、圆领、短袖、加大肥胖、印花、纯棉、吸汗、透气、男式、T恤"。简单地说，你的购买目标是T恤，那么"T恤"就是目标关键词，而前面的限制条件则是附属属性，通过组合这些属性，进行关键词的叠加，就形成了长尾关键词。你可以把这些属性关键词进行多种组合，就会生成很多长尾关键词。

目标关键词的竞价价格一般非常高，它的广泛性会导致其搜索量最高；但同时，它的针对性又最低。因此，直通车竞价的法则是，避开高价竞争和广泛竞价，尽量依托长尾关键词锁定特定人群，从而提高转化率。每天需要

购买 T 恤的可能有 1000 万人次，需要购买男 T 恤的可能是 500 万人次，需要购买圆领男 T 恤的可能是 100 万人次，需要购买圆领短袖男 T 恤的可能是 80 万人次，而需要购买加大肥胖的圆领短袖男 T 恤的可能只有 1 万人次。很明显，你的关键词投放在会产生 1 万人次搜索量的关键词里，所需支付的广告费用最低，而获得的转换率却极有可能最高。（以上数据并不作为实际需求参考。）

二、商品开直通车的条件

并不是所有的商品都适合在淘宝直通车推广。

（1）新、小卖家不适合使用淘宝直通车推广。

（2）直通车推广的商品必须有一定的自然流量成交，新上架商品并不适合直通车推广。依靠直通车强行输入流量去打造爆款，这个方法不一定能行得通，还可能会造成严重的亏损。

三、什么是关键词匹配

直通车主要提供了三种关键词匹配的模式，分别是精准匹配、中心词匹配和广泛匹配。其中，精准匹配，是只有当买家搜索指定关键词时才展示；中心词匹配，是当买家搜索包含指定关键词时才有机会展示；广泛匹配，是当买家搜索指定关键词的相关关键词时才有机会展示。从表面上看，选择广泛关键词匹配可以省去很麻烦的关键词设置环节，因为既然搜索相关关键词都可以展示，又何必费那么多的心思去配置关键词呢？这个想法是错误的。其实，这三种模式并没有太大的差异，为什么呢？因为卖家参与竞价的关键词太多，而你又无从知道到底如何设置单次点击费用才可以让自己的商品排名在第一页或者第二页，如果按照行业均价进行设置，实际点击量是非常少的。所以，与其以高价争夺广泛词，还不如匹配更精准的关键词，以低价获取精准流量，虽然少，但却很准！一个商品可以设置最多 200 个关键词，你怎么可能都顾得上？更何况你还需要为每个关键词制定比较合理的价格。

四、直通车推广的选择条件

1. 投放平台

投放平台分为内投和外投。外投，是指在淘宝之外的网站投放广告而带来流量。相对于淘宝内网来说，外投引入的流量转换率会稍低。当然，关键词的单价也会一并降低。

在资金不允许的情况下，可以放弃外投平台的广告投放。

根据访问端口的不同，投放平台分为 PC 端和移动端。

移动端的投放效果可能会比 PC 端要好，可能是因为避免了大量的无效点击。这些无效点击来自两个方面：

一是竞争对手的大量点击。更多的情况下，买家已经逐步使用手机淘宝来替代网页版淘宝，而卖家还是对电脑有着更多的依赖。竞争对手可能会经常使用电脑来进行竞品检测，导致大量无效点击产生。

二是广告用户的大量点击。这些用户点击的目的是为了传播直通车广告托管服务等，他们属于职业的广告用户，不会产生任何的产出。

2. 投放地区

通过设置投放地域，你可以让你的包邮产品不要在新疆、西藏、青海等偏远地区投放广告。三四十元的商品快递到这些偏远地区，其运费可能都要十几元钱，所以你可以选择在这些地区禁投。北京、上海、广东、四川等地区的转换率都很高，你可以尽量选择在这些地区投放广告。记住，哪些地区偏好购买你的产品，你就往哪里投放。

3. 投放时间

通过设置投放时间，你可以决定在哪些时间段内上线你的商品投入展示。如果在流量高峰期展示，其关键词的单价肯定也会很高，所以你可以尝试选择避开高峰时段而选择流量低谷期。有人认为，在深夜投放广告可能没有意义，因为客服都不在线；但是，你可以先使商品描述变得足够精准，实现让买家自助购物，这样即使旺旺不在线也可以成交。

可以适当通过时间的差异来调解投放成本，根据个体差异进行考量。

第十二节　淘宝站外推广：八仙过海，各显神通

站外推广，是将店铺广告投放到淘宝之外的网站，从而达到引流的目的；是把淘宝店铺当成一个独立的网站运作推广。与自己建立一个独立域名的网站推广略有不同，其最大区别是：百度搜索优化排名的不同。

一、如何查看网店的访问流量

淘宝集合了网店大数据类型库，统称为"生意参谋"。在流量看板中，你可以查询到访客的具体来源：淘内免费、付费流量、自主访问、淘外流量等。

其中，淘外流量统计的就是本节所介绍的引流方法所带来的访客数据。

二、"网络免费推广100招"有没有实用价值

百度一下网络推广方法，你就可以查询到诸如"网络免费推广100招"之类的资料，这些资料确实总结了很多推广模式。然而，你仔细分析一下就会发现，这些推广模式你可以利用的少之又少。例如，其告诉你的QQ群推广方法——假设你有50个QQ号码，每个号码加入50个QQ群，每个群有50个人点击你的网址，那么一天下来你的网站浏览量的IP就可以达到12.5万。但是，这现实吗？先不说你操作50个QQ号码，就是成功地操作一个QQ号码都可以达到2500个IP。这样理想化的数字只能让你望洋兴叹！QQ群的基本功能是群聊沟通，不是给你天天发广告用的，群主和管理员也不会允许你发广告。对于乱发广告的人，他们一般都会见一个踢一个。而当一个号码被多个群踢出来之后，就会成为不良记录会员。被标记了不良记录会员标签的号码，再申请加入QQ群，群主都会收到特别提醒，其申请入群的成功率就会大打折扣。

那么，难道网上所传的网络推广方法都没有利用价值吗？这样认为也是错误的。其实，网上推广方法也莫过于那些门道罢了。在这里，我只是谈一谈自己的一些粗浅认识，或许能对你有所启发。

三、建设自己独立的网站平台

淘宝屏蔽了百度"蜘蛛"的爬行，在百度搜索中去做关键词优化已然无用。那么，部分商家可以利用自建网站，在百度上做SEO获得流量之后，再通过自建网站来导流到淘宝店铺。

这样说，可能会让你感觉很茫然，开网店怎么说着说着就变成做网站了？你可以换一种思维来理解：独立网站总会拥有一些流量，你一方面可以和它们进行深度合作，在全站重要位置植入你的淘宝店广告；一方面可以购买广

告位置进行投放。如果这些网站可以为你带来盈利，你甚至可以收购它们，这不就相当于自建网站平台了吗？

建立独立网站，要考虑三个基本因素。

1. 顶级域名

".com"".cn"是最常用的顶级域名。2009年，阿里巴巴宣布，将支付5.4亿元现金分两期获得中国万网在中国营运的股权，自此，中国万网归入阿里巴巴旗下。你可以选择在万网注册域名和选择空间服务，这样更加稳定。只是，你需要支付比一般平台更多的费用。

2. 网站源码

源程序是网站的运行代码，通过服务器运行后返回呈现网页。目前比较流行的源码类型有ASP、PHP，属于动态源码。通过动态源码可生成静态网页HTML，以获得搜索引擎的青睐。源码集成了众多程序员多年的智慧，并不断地被修补漏洞、完善功能，不断通过升级来稳定程序的运行。目前比较流行的源码有Z-blog、KesionCMS、Discuz、PHPWind、帝国CMS、织梦内容管理系统、新云系统等。有一些针对个人用户使用的源码，如老y文章系统、网钛文章系统等，使用起来都比较简单，属于傻瓜式建站源码程序，更适合网站初学者。

3. 虚拟主机空间

简单地说，虚拟主机空间就是存储网站用的空间。根据选择的源码不同，需要开通不同的空间。比如源码为PHP编码，就必须选择支持PHP的空间，并匹配对应的数据库。

建设网站的基本步骤是：注册域名—选择源码—购买虚拟主机空间—绑定域名和空间—下载安装FTP工具（如流星雨猫眼）—上传源码至虚拟空间—根据源码配置程序—登录网站后台完善网站资料—网站编辑和发布新内容。

建设个人网站平台最大的风险来自程序被入侵，从而造成网站被破坏。所以，备份网站内容、选择持续升级的源码尤为重要。

目前，我国对个人网站的监管日趋严格，备案是网站建设的前提条件。

网站建设起来之后，需要通过合理地搭配广告来引流到淘宝店铺，并学习 SEO 知识对网站进行关键词优化。一般情况下，只要持续更新网站内容，适当优化并发布一些原创性的文章，都可以获得不同程度的流量输入。当然，这是一门大学问，如果你的网站优化做得足够好了，你甚至不必开淘宝网店了，因为在网站中投放别人的广告就可以收入不菲了！

四、在百度旗下产品中进行推广

百度旗下重要的产品如百度知道、百度贴吧、百度文库等，在百度搜索结果排名中占据很大权重，因此，这些产品也成为推广者的必争之地。然而，推广的人越来越多，必将导致搜索结果体验变差。百度的智能筛选系统必将和推广者做一场持续的较量。

1. 百度对百度账号的信任度

一个干净的高等级百度账号可以获得百度的信任，通过这种信任，账号可以在各产品中发布适量的网址。而不被信任的账号（包括新注册账号、发布链接广告被删除过历史、该 IP 地址下曾经有黑名单账号等）则无法发布有链接的文章，严重者将被"关进小黑屋"，禁止发布任何文章。而可信任账号也并不是可以为所欲为的，连续发布带有网址的文章同样会被屏蔽甚至封号。

2. 广告在于权重，不在于量

在百度自己的产品中发布广告，本就违反了其制定的用户行为规则，所以要巧妙地绕过百度的智能巡警。既然一定要绕过，就必须让这篇文章有一定的搜索权重。

首先，要绕过筛选系统。自己动手提升百度账号的信任度是一个非常艰苦而漫长的过程，所以你可以选择求助他人。通过寻找高等级百度账号，并通过百度 Hi 联系到用户，用请求帮助、付费购买等方式来完成自己的发布。也有通过第三方团队来实现目标的，但是要考察其可信度及文章在百度产品中存活的时间长短。

接下来是提高搜索权重问题。直接竞争关键词是非常不易的，所以你要通过长尾关键词来获得靠前的排名。

长尾关键词如何获取？可以通过关键词挖掘工具（百度搜索结果中有很多网站提供该服务）来获取详细的长尾关键词及其排名等信息。

来看一下汽车脚垫这个关键词的长尾关键词排名有哪些（见图 3-15）。

关键词	整体指数	PC指数	移动指数
汽车脚垫	521	112	409
汽车脚垫价格	80	8	72
汽车脚垫生产厂家	76	34	42
汽车脚垫批发	45	8	37
汽车脚垫厂家	43	26	17
大众汽车脚垫	17	9	8
汽车脚垫什么材质好	16	16	0
乳胶汽车脚垫	8	8	0
汽车脚垫厂	8	8	0

图 3-15

在准备推广之前，必须先了解访客搜索的是哪些关键词，搜索量有多少，然后通过优化这些关键词，写出对应的文案，再进行推广，这样才会获得靠前的排名和搜索流量。

如何才能让自己发布的文章排名靠前？

长尾关键词的搜索量明显小于关键词，但是更加能够容易让自己的文章排名靠前！比如以上"汽车脚垫"关键词，在选择优化关键词的时候，可以选择"汽车脚垫价格""汽车脚垫生产厂家"等长尾关键词来做优化。值得一提的是，关键词的搜索排名是随着时间的变化而变化的，并不固定。可能每个时间段搜索出来的结果并不相同。早些天，你优化的长尾关键词是排名第二位，可能现在变成第十位了。同时，你优化的网页在百度搜索的结果排名也是不断变化的，并有可能遭到百度的降权和封杀！

发布内容真实、原创、有价值能够让排名靠前！具有某行业经验的作者，把自己多年的工作经验总结成的原创文章，这就容易排名在前。百度考察的是文章的价值性。没有价值的文章，即使通过一定的作弊手段（如抄袭、拼凑等行为）获得了排名，也会因为访客厌恶和智能系统扫描、升级等因素而被淘汰。

3. 百度知道的权重很高

百度搜索问题类型关键词，在用户没有通过百度竞价投放广告的前提下，原创提问类文章的百度知道网页链接往往排名在第一位。

百度知道互动的几个角色分别是：

（1）提问者。

推广者并不一定需要去寻找问题而进行解答，更多的推广者使用长尾关键词作为问题的开始进行优化。

如图3-16所示，提问者就是推广者，在问题中进行了"汽车脚垫价格"这个长尾关键词优化，并加入了超级链接。

（2）回答者。

很多时候，推广者都是自问自答、自己提问请人回答指定内容、请人提问指定内容自己回答，或提问回答都是请人帮忙按照指定内容来推广。

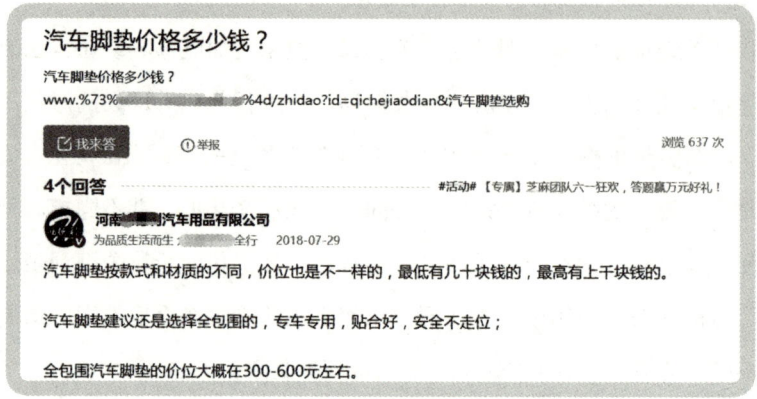

图3-16

（3）互动者。

互动者包括访客点赞、发表评论的会员。

点赞数量（见图3-17）不仅代表了解决问题的实际意义，它还将出现在"其他类似问题"中（见图3-18）。

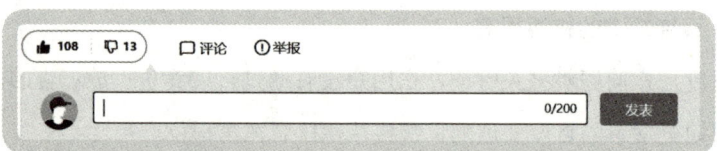

图3-17

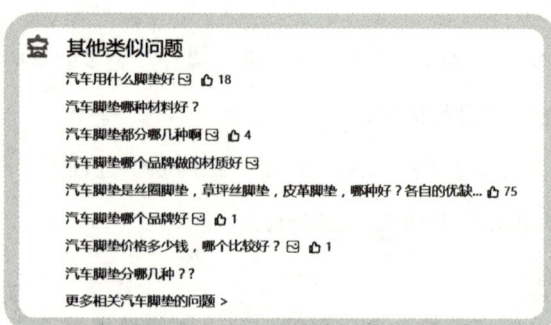

图3-18

4. 百度贴吧：一楼留给"度娘"

百度贴吧是不可以随意发链接的，这同样考验账号的信任度。很多情况下，因为帖子一楼的位置较显眼，集中度较高，经常通不过百度贴吧系统对内容的审核，所以发帖人往往都把一楼空出来留给"度娘"，而把内容发在二楼。

每个贴吧都可能存在民间管理员吧主。吧主有删帖的权限，所以和吧主搞好关系，往往会得到特殊的优待。举一个例子，使用 QQ 聊天的时候往往会用到一些表情，某系列 QQ 表情可能会逐渐发展成为一个品牌，这个品牌表情自然会有对应的表情吧，并拥有众多粉丝。你可以全面而系统地收集表情，放置在某个网页或某个存储空间里供粉丝打包下载，然后在这个网页或者这个下载的文件包中植入广告（比如淘宝店铺的快捷网页、产品标题、价格、图片等）。这样的努力就很容易得到吧主的认同，吧主不仅不会删除你的帖子，甚至会给你的帖子加精。如果网址发不出去，你甚至可以请教吧主，他还可能根据他的经验告诉你如何修改才能被系统接受。

五、在腾讯旗下产品中进行推广

腾讯产品中的 QQ、QQ 空间、微博、微信、社区等，都是推广者常常会利用到的。

此前提到的利用 QQ 群做推广，不切实际地凭空想象 10 万 IP，离你可能会很遥远。但你也不能放弃 QQ 推广，你要思考的是如何让群主不踢人，如何让大家点击广告。"牛皮癣广告"是很令人憎恶的，每天发相同的广告，你认为会有效果吗？

你可以先从好友的思想工作做起，利用个性签名或微博来宣传自己的网店。当然，如果你只是简单地发链接，恐怕时间一久，你的好友都会对你心生反感！你要做的，是发一些自己的工作动态、生活记录、产品小知识、热门资讯，以及有价值、有争议的话题，再附上你的广告。鼓励你的好友多转发，好友的好友再转发，这样就能达到推广的目的。

> **Tips**
> 撰写嵌入广告的有价值的动态、软文，吸引QQ好友转发传播

QQ群推广模式，不仅是简单地把你的淘宝店铺网址发上去，最重要的是要吸引别人的眼球，让人们愿意去点击，还不能让群主恼怒。

你可以在一台电脑上登录几个QQ账号，同时申请加入一个人数特别多（如有2000人）的QQ群中，再利用马甲账号轮流发言来讨论你发布的话题。

比如A、B、C都是你一个人，A发布话题"怎样选择汽车脚垫"；B发布共鸣，抱怨自己买的汽车脚垫如何不好，而且还很贵；C则发布解答，说自己就是卖汽车脚垫的，介绍自己家里的脚垫如何好，并顺理成章地奉上淘宝店铺地址。这时候，D和E可能就参与进来了，群里便变得热闹起来，群主也会非常高兴。这样你就不仅不是一个讨厌的广告推广者，还成了群内热心帮助别人的会员。

也许你会说这不可行，这样会非常累。那就是仁者见仁，智者见智了。正所谓"师傅领进门，修行靠个人"，我也只能列举一些简单的方法来给你一些启发。

再比如，一些网站往往都有自己的群，你加入这些群之后，贸然地发广告链接，如果不是他们网站的链接，群主可能马上就会把你踢出来。但是，如果你先注册他们的网站会员，并在网站上发广告，或者发内加广告的资讯帖，然后将帖子的链接发到QQ群内，由于是他们自己的网站里的帖子网址，QQ群主就基本不会踢你了。

至于被QQ群主踢出来的问题，你是否考虑过自己建立QQ群，自己做群主呢？

另外，QQ群里有群相册，你也可以上传一些带水印的图片；QQ群里的共享文件，以

> **Tips**
> 充分利用QQ群里的群相册、共享文件和群论坛进行推广

及QQ群空间里的群论坛等都可以供你推广。即使不幸被踢出，你也至少在群里留下了广告。

对于那些人气高且具有购买力的群体，你可以重点实施推广。做推广，不可以一成不变地在QQ群内发广告、发资讯帖。加入一个2000人的QQ群，你就拥有了2000个推广对象。如果在群内发送消息引发众怒，你可以尝试发起QQ群临时对话，直接面向这2000人做单个推广。加入10个QQ群，你就有20000个推广对象。所以你不要担心没有推广的地方，QQ群可以提供无穷无尽的人脉供你发挥推广才华。你想想，用QQ来向别人进行推广，总比你在线下对陌生人进行口头推广要方便得多吧？

QQ空间也是博客类产品，和百度空间不同的是，QQ空间更注重关系网络。在百度空间里发文章，是给世界看的，会被网络收集；在QQ空间里发文章，则主要是给好友看的，会被别人转发。空间不能仅仅靠单纯地发文章来进行推广，那样的效果可能并不会很好，因为你的博客不是知名博客，流量终究有限。你其实可以通过SNS关系来寻找朋友的朋友的朋友，以在他们的空间里留言的方式做宣传。只是你的留言需要写得比较精彩，纯广告多半收效甚微。

六、在论坛中进行推广

多年前，我曾写过一个帖子——《笑谈"抢沙发"在推广中的运用》，几度被淘宝社区"经验畅谈居"版块置顶推荐，被淘宝大学列为推荐精华帖。这个帖子的内容主要是批评淘宝卖家盲目地在论坛里做无效推广，往往"发帖虽多却没有一个是精华，顶帖虽多却全是灌水"——有效的推广能够引起读者的关注和共鸣，使其愿意了解更多关于发帖人的信息，甚至包括他的网店。同时讨论了帖子中二楼的

> **Tips**
> 抢帖子的"沙发"，尤其是重要帖子的"沙发"发布广告信息

作用,"抢沙发,就是抢第二楼"。你可以通过争夺重要帖子(包括官方公告、活动通知、精华帖、置顶帖等,这些帖子的点击量多的时候甚至有几十万次)的二楼,来获取更多的展示机会。有很多人在二楼占位,仅仅发布灌水信息,以至于被读者匆匆滤过,这其实也就相当于放弃了这些帖子的流量。真正厉害的"抢沙发"高手,会根据文章内容发布独具一格的评论,并悄然附带广告信息。

在论坛里面做广告的方式,主要有如下几种。

1. 论坛签名

很多论坛是开放论坛超级链接签名的。通过在会员的后台设置签名代码:[url=http:// 网址] 广告语 [/url],即可在帖子的下方展示出超级链接。如果签名可以设置超级链接广告,你就不要经常在正文中加入广告,否则会很容易被删除或者被管理员加入黑名单。

2. 关键词加超级链接

如果在帖子中直接显示网址,会让论坛管理者(版主)很敏感地认为是广告,从而予以删除。而在关键词上加超级链接,则更具有隐蔽性。

3. 留下 QQ 号码等联系方式

有联系方式就可以让买家找到你。

4. 在允许发布广告的版块发广告

这里尤其需要指出在本地论坛做广告推广的重要性。因为是本地论坛,所以你以自己对家乡的了解,在帖子中适当体现出本地特色,你的帖子就不容易被删除了。另外,本地论坛一般都为本地商家专门开辟了广告版块,在里面发广告不仅不会被删除,还会有很多的论坛铁杆粉丝去阅读。很多本地会员基于照顾老乡的情

> **Tips**
> 在本地论坛做广告推广更容易

感，都会愿意为老乡的网店贡献一点力量。当然，他们更多的想法是：老乡，求折扣！

需要注意的是，本地论坛不仅仅是你目前工作所在地的论坛，还可以包括初中、高中、大学、曾经工作过或待过的地方。只要对一个地方有一定的了解，你都可以被称为半个老乡。这些地方也都可以称之为本地论坛！

另外，在论坛中开帖之后，可以注册马甲账号进行轮番顶帖，使之重新返回第一页，对于回帖的网友要及时回复，从而增加人气甚至引发热烈讨论，使帖子获得更多的浏览量。

七、CPC广告联盟平台

广告联盟其实就是连接广告主、网站主之间的桥梁。广告主把广告费投放到广告联盟，联盟则招募发布广告的媒体或网站主，进行广告投放，并按照比例分成。

优秀的广告联盟平台有百度联盟、搜狗联盟、谷歌 AdSense 等。百度联盟、搜狗联盟为国内联盟，谷歌 AdSense 则是跨国平台。它们的共同点就是基本都是 CPC 广告平台，即按照点击量收费。你可以注册成为联盟的广告主，进行广告投放。成功投放后，你的广告将会出现在大大小小的网站中。谷歌 AdSense 因为 2010 年谷歌做出退出中国市场的决策之后，渐露颓势。

当然，CPC 广告也存在缺点。由于 CPC 广告是收费性质的广告，竞价的单价越高，点击率就越高，消耗的费用也就越高。网站主的作弊行为，如自己点击自己网站中的广告、让朋友点击广告、网站主相互之间点击广告，以及联盟工作人员伙同网站主进行恶意点击等，都会浪费广告主的广告费。另外，淘宝站外广告的转化率低于站内，有流量不一定有成交量，也是重金投放 CPC 广告的风险之一。

八、利用热门事件进行推广

网络事件营销（网络炒作），就是有策划、有目的、有手段地制造热门事件，利用网络渠道迅速吸引网民眼球，以达到舆论宣传效果，堪称营销学的最高境界。淘宝卖家利用热门事件进行营销，要做到敢想、敢做，而且必须保证可行、可控。策划是炒作的灵魂，一个好的想法往往更容易有好的结果。而策划必须具备可行性，不切实际只能是空谈妄想。行动是炒作的基石。炒作并非一个人就可以做到的，通常还需要很多人的配合。需要注意的是，炒作负面事件必须足够慎重，因为可能导致舆论压力，甚至一发不可收拾，最终损害自己的利益。

比如，在本地论坛、QQ交流群内发起一些公益性的活动，就可以算作热门事件炒作。在群内、论坛内同步直播活动现场情况，可能引发一些概率事件发生，比如公益活动的增援扩大，或者吸引媒体进行报道。在介绍组织者或者赞助商家时，可能会因此类活动的正能量的传播，引发网友接力并不断放大影响。

热门事件营销是最值得关注的推广手段，也是最有效的推广手段。你可以发挥最大的想象来策划一起热门事件。也许你觉得这并非你能力范围内可以做到的，但是，如果你从来都不思考、不想象，那么你可能真的就会永远都做不到。

九、在购物网站中进行推广

这里说的购物网站其实是一些购物导购主题网站，他们的盈利模式是通过阿里妈妈获取代码，在自己的独立网站上推广，从而获得提成。

你可以通过百度搜索找到一些已具规模的导购平台，联系网站主，洽谈广告投放合作方法。

十、利用小视频营销、在线主播进行推广

现在抖音、火山、快手、全民等小视频 App 特别流行，其中产生了大量的网红，你不仅可以通过自己对这方面的专长拍摄小视频，获取粉丝来推广，也可以联系这些网红来尝试合作。

在线直播也是现今特别流行的，淘宝也开通了在线直播购物。

十一、利用博客、微博进行推广

论坛是公众的平台，而博客是私人的平台。众多大型网站都提供了免费的博客服务，你可以利用博客作为自己的宣传阵地。但是，没有知名度的博客，其流量往往微乎其微。所以，如果注册一个博客，就为了简单地发一下广告，其收效基本为零。而如果你精心打造出一个品牌博客，其收效则不可同日而语，甚至会大大超出你的想象。

但是，随着时代的变迁，博客逐步被微博所取代。而新浪微博也基本上一统天下，击败了其他竞争对手。如果自己打造不出知名微博，也可以通过联系粉丝众多的大 V 进行广告投放。

十二、在视频网站中进行推广

你可以在爱奇艺、优酷、腾讯、搜狐等视频网站上传一些视频，并适当在视频中或者视频介绍中植入广告。也可以制作 BT 种子，再加入广告，供别人下载。

如果拥有拍摄、制作团队，可以制作一些原创微视频并植入广告，这样会更容易炒作起来。把视频投放到优酷这样的开放平台，最容易获取播放量与粉丝关注。

十三、其他线上推广模式

推广模式千变万化，比如图片营销（利用图片加水印等方式进行推广）、任务营销（悬赏既定的任务让威客帮你推广）、赶集营销（在赶集网这样的信息发布平台上发布信息）、招聘营销（在招聘网站发布招聘广告）、公众号营销（自创或者在有流量的公众号做推广）等，都可以成为走向成功的模式。但是，要想成功，也需要一定的契机。

不管是哪一种站外推广模式，说一千道一万，终归是为了寻求流量输入点。想，则推广道路千万条；动，则24小时还嫌少。淘宝卖家生活在虚拟的网络之中，不必支付昂贵的店铺租金，却注定要走一条非常艰辛的道路，需要付出多于常人的努力。

没有生意的时候，在淘宝内部挖潜力之后，还要在淘宝站外想办法。不要让自己歇着，不要让自己陷入迷途。

可能你尝试了前面介绍的所有方法，也没有取得很好的效果，但突然有某个小的推广起了作用，就从此改变了你的店铺成交低迷的状况。

将推广视为一种乐趣、一条学习途径，会让你往前更进一步！

第十三节　线下推广

要想开一家成功的淘宝网店，并非一直坐在电脑旁接单就可以了，尤其是在新店的起步阶段。卖家若完全依托线上推广，或者推广不得法，会导致成交量长时间处于低迷状态，因而逐渐对开店失去信心。实际上，如果线上推广有难度，可以考虑进行线下推广。无论你身在农村还是城市，都可以走到群众中，以自己独特的推广姿态吸引客户，并号召他们加入你创建的2000人超级QQ群中，从而培育自己的粉丝群。

一、线下推广模式需考虑的要素

1. 经济性

推广思路不可以太宽泛，或者一味好高骛远。应该争取用最少的钱，发挥最大的效用。

2. 有效性

比如，你可能会认为去网吧做推广是个不错的主意，通过将浏览器的首页设置为自己的淘宝店铺页面会获得不错的浏览量，因为那里集中了上网的人群。但实际上却并非如此！因为去上网的人大多只是去打游戏或聊天的，他们甚至都不会打开浏览器。即使有淘宝账号的用户，也不愿意在公共电脑上登录自己的账号，他们会担心账户的资金安全问题。所以，做线下推广一定要考虑周全，不要凭自己的单纯臆想而盲目推广。

3. 针对性

比如，快递包裹的签收方大部分都是网上购物者，他们往往有成熟的购物经验。因此，和快递员、快递公司、快递代办点协议随包裹投放广告，就很可能会获得不错的客流量。而如果你自己销售女鞋，却偏偏跑去女鞋实体店铺去发传单，这样就会让店主恨得牙痒痒，从而引起不必要的麻烦。

二、线下推广的一些手段

1. 传单和卡片投放

散发传单是最原始的一种推广方法，成本也不是很高。传单是否可以起到相应的宣传效果，主要取决于两方面：一是广告内容是否巧妙，能否吸引目标群体的眼球，并让其有耐心看完；二是目标群体是否具有网络购买力。

2. 室外广告

室外广告主要包括墙体广告、电梯广告、车身广告等。

3. 实体店宣传

游说实体店铺店主，以便在他们的店铺投放贴纸广告。为此你可能需要支付一定的广告位置费用，或者如果实体店铺要购买你网店里的商品，你可以给予其较高比例的价格优惠等。你甚至可以和实体店合作，定制印有双方广告的工作服，或者和实体店联合推出"满就送T恤"的促销活动等。

4. 人群密集区宣传

人群密集区比如步行街、夜市等。

5. 户外活动

比如组织户外表演，街头演唱；组织骑行等竞技比赛，并提供奖品（如印有广告的水杯、毛巾等）。

6. 赠品发放

比如免费赠送印有广告的鼠标垫。

7. 校园推广

校园是新观念、新思维的聚集地。结识更多有创意的年轻人会让你思路开阔，从而想出更多独到的推广模式和方法。

8. 关系推广

线下推广的第一步棋往往是拿亲戚朋友"开刀",让他们先成为自己的客户,再软磨硬泡地要求他们帮助你做推广。不要觉得这样很丢人,换个角度来想,如果你连亲友都说服不了,又有多大把握能说服陌生人到你的店铺购买商品呢?

9. 合作推广

合作方式实际上是非常多的。合作方可以是其他网店店主(一起刊发广告摊薄成本),可以是电脑维修人员(修理电脑时设置家庭电脑浏览器主页或向户主投放卡片广告),可以是热闹非凡的饭店(在餐桌上、墙壁上投放广告),等等。利用合作方的客流量、高人气或者便利,可以为你带来巨大的流量。

10. 媒体推广

在报纸、杂志、电视等媒体上刊登或播放广告看起来费用不菲,但如果不尝试去了解行情,你又怎么能分析其可行性与效果呢?

三、印刷广告宣传品的一些诀窍

你是否考虑过使用广告宣传品来做宣传呢?你是不是觉得只有天猫卖家和其他大卖家才需要思考这些问题?

其实制作广告宣传品的成本很低,只需要一两百元就可以印制近千份A4纸大的宣传单。在淘宝上搜索印刷厂家,可以找到很多小批量印刷的厂家。

然而,可惜的是,目前很多使用宣传品做广告的大卖家并没有完全发挥印刷品的作用。他们基本上都只是简单地套用相同的格式,以"退换货物回执"和"请给予5分好评"两个主题为主要内容,然后将其放置于包裹中发送给买家。而买家也多半只会粗略地瞄一眼是否有"好评返现"这条内容,如果没有,便直接将其丢弃到垃圾桶里。

既然宣传品印刷投资并不大，那么，对于卖家来说，这无疑是一种廉价的线下宣传渠道。而且正因为卖家制作宣传品的格式化、雷同化，才为你提供了更多、更大的想象与创新空间。

在这里，我提几点建议和个人的一些想法，以供参考。

1. 打破"5分好评返现＋退换货物表单"格式，侧重于促使老客户进行二次购买

5分好评返现是提高店铺动态评分最有效的办法，但却只是针对第一次购买的用户进行的回馈。你可以上架一款或者多款专门针对老客户、可低价购买的商品，称之为"老客户专享商品"。选择作为"老客户专享商品"的最好是大众化商品，以促使不同人群进行二次购买。例如服饰类卖家在决策时需考虑的是，上衣可能是千变万化、多姿多彩的，但是打底裤和打底衣的款式变化不会太多，具有大众化特征，适合选品规则。印刷品中需着力宣传的噱头为"原价78元，新客户39元，老客户可以领取10元优惠券，仅29元包邮"这类优惠说明。另外，你还可以在印刷品中推荐店内人气宝贝与店内VIP会员折扣说明及升级方案。

2. 宣传内容简要，抓住买家眼球是关键

对于印刷品上宣传什么，你可能会冒出越来越多的想法，以至于想把无数条信息都写入其中。然而内容越多，买家看得越少！如何让买家有耐心看宣传单，是需要反复斟酌、仔细推敲的。

3. 利用印刷品召集老客户加入自己的QQ群、微信群

在广告印刷品这种线下推广方式中，二维码可以起到非常重要的作用。你可以结合前面所介绍的二维码知识，思考如何充分利用二维码，使印刷品的推广效果大大增强。

第十四节　卖女鞋的小姑娘：淘宝网店小老板的故事

这里将讲述一位我曾认识的朋友（后面称其为"开心果"）开网店的故事，不能说她有多么成功，因为每个人对成功的定义可能都不相同。就个体开店而言，你在淘宝里每年获得 5 万元、10 万元或者 20 万元的净利润，都可能会觉得很失败，无以为继，那是因为你自身的经济条件决定了你定位的价值；但对于兼职人群来说，每年能在淘宝里获得 3 万元的净利润，可能就会心满意足；而对于一些经济条件不好的卖家来说，每年 2 万元的净利润，他们也会觉得不错，既比别人自由一点，可以留在家里照顾孩子，不用去工厂没日没夜地打工，而且赚的钱也差不多。所以，不同人眼里的成功都可能不同。你不要羡慕别人年赚百万元，只需根据实际情况制订可以达到的年度计划，今天比昨天做得好，明天更上一层楼，这就是一条最通用、最有效的成功之路！

一、开心果眼中的成功

当年，开心果大学毕业后在一家乡镇上的普通企业做文员，月工作 28 天，月工资 2200 元，做满一年，年底奖金大约 5000 元。对于一个有大学文凭的女孩子来说，薪水显得未免太少，远不够开销。如果拿公司里没有学历的操作工人对比，工人工作时间稍长，会加班会出满勤，那么做文员的收入还不及操作工人。但做文员的好处是比较自由，时间显得很宽裕。所以，开心果一直想趁着自己年轻有精力，兼职赚些外快。

后来，她认识了我，向我请教用什么方法可以帮助她多赚些钱来弥补工资收入。于是，我向她讲解了本书中提到的代理女鞋淘宝开店的方法。

经过她的不懈努力，三个月后，她的淘宝店月利润就达到了 4000 元。对当时的她来说，她非常满足，将之视为一种自己的小成功。当然，再后来，她做的淘宝的收入更高，因为属于个人隐私，她并没有透露。

多年后，我和她偶然聊及淘宝开店的事情，才知道她已经放弃了。因为爱情，因为生儿育女，显得有些迫于无奈！

二、开心果的开店准备

我告诉开心果，一般新店都会有三个月的流量扶持期。淘宝会给新店一些机会，但是不会永远给下去，所以这三个月时间非常重要。

她并没有急急忙忙地申请开店，而是先比较系统地学习了开店的基础知识，并得出自己的理解。基本上，她每天没有早于晚上11点休息的。

三、开心果如何甄选代理的女鞋货源

女鞋代理平台有着几千家供应商，如果不去成都国际商贸城亲自选品，又怎么找到自己中意的供应商呢？

当初，我认识一位在国际商贸城做电脑销售、维修的网友，他除了开这个店面外，还帮助他父亲跑腿去做代发，后面还代理快递业务。我把他介绍给了开心果认识。开心果选择了他推荐的部分供应商作为货源，在淘宝上架售卖。因为这位网友自己参与代发，自然了解哪些供应商的货源比较稳定、品质过硬、码数较正，所以开心果前期开店基本是非常顺利的！网上有了成交，可以及时发货；没有因品质、码数问题而产生退货。

另外，除了推荐的供应商之外，作为一个小姑娘，开心果基于她对于时尚的理解，还选择了一部分供应商名单来咨询代发网友，让他给出实地考察参考建议。

四、开心果的线下推广方式

（1）先拿至亲好友"开刀"。父母、闺密，一个都跑不掉！贴上了至亲好友的属性标签，要不自己去店铺挑选购买，要不挑选了快递给你。

（2）对二线亲戚和朋友、同学，需要厚着脸皮向上贴。亲戚不想购买的，大不了说"买了送给你总好吧"，又怎么会有亲戚真的不掏钱去拿鞋子的？实在不想买的，游说过来炒作个信誉度，也是不错的。

（3）工厂同事需要硬着头皮向上蹭。只要有上班闲暇，就和同事说淘宝女鞋的事情。其实很多同事听说开心果开店了，都会主动来购买。不会注册，没关系，开心果都给同事办妥当，还告诉同事怎么去淘其他的便宜货。

开心果是个活泼爱笑的女孩，自称自己脸皮特别厚实，刀都割不进去的。赚钱，那么要面子干吗。这确实是一个开店初期的好办法，前面一段时间都可以持续成交，不仅激发了开心果赚钱的欲望，还让一个小店看起来有了一线生机。

五、开心果为自己的店铺花了不少心思

开心果虽然表面大大咧咧，却是一个善于思考的女孩，为了提高女鞋销量还是花了不少心思的。

1. 代理女鞋平台提供了图片下载

开心果想，大家都用一样的图片，会不会导致淘宝上面有过多的雷同，自己就没有特色了？于是，她把图片下载下来之后，在主图上面做了加工，添加了个性化的文字等。

这时候，开店的你是否想到了这点？你是不是把图在代理平台直接发布到淘宝，觉得这样做简单而又利索？其实，从某种意义上来说，你卖不出去商品的原因就在于此了。因为别人想得更多一点，实际操作更多一点，才会

显得比你更幸运一点。

2. 测同款女鞋情况

开心果把自己中意的女鞋图片截取之后，利用淘宝网搜索框中的照相机上传到淘宝，查找同款女鞋的情况。比如女鞋标题的设置、价格、成交情况等，用以思考自己该如何和同款做竞争。

你在上架商品的时候是不是考察过同款或者竞品的情况？同一款商品，看不出来你的优势在哪里，你却卖得更贵，又如何获得成交呢？

3. 为活动卖家制造竞品

有时候，线下的推广效果不明显了，线上的流量降低了，开心果又想出来一招增加销量的方法。她会查看一些官方活动上面推荐的女鞋，然后去代销平台找同款，并使用活动卖家一模一样的商品标题。她这么做，缘于把自己当成一个买家来模拟买家行为。

其一，活动女鞋推广说明这款女鞋的风格比较时尚，得到卖家、淘宝小二的认可。其二，活动女鞋到底价格如何？买家是否认可？怎么去验证？就可能通过简单的复制商品标题在淘宝搜索同款进行对比。恰恰是这个对比过程，使得让自己的女鞋通过长尾关键词获得曝光。活动商品卖 200 元／双，开心果就定价 180 元。这个方法一度让她获得了很高的咨询量。买家咨询的目的在于对比，开心果做出品质保证承诺打消买家顾虑，对价格低于活动卖家做说明，比如天猫店铺需要收费、参加活动需要支付提点，而自己的店铺是工厂一手货源，利润微薄，等等。发起了咨询对话的买家大比例都会下单付款，因为价格差距的事实摆在了面前，况且还碰到了一个热情大方、信誓旦旦承诺品质的老板娘，当然买价格低的同款。

4. 获得金牌卖家称号

天猫基本霸占了淘宝，集市卖家中唯一可与天猫竞争的就是金牌卖家了。

六、开心果开店的故事说明了什么道理

故事很简单,在你看来,开心果可能并不是一个多成功的淘宝店老板,但为什么我在这里花了不少篇幅讲这个故事呢?我想,这个故事,比那些网商故事更加真实,它见证了一个淘宝小老板的兴衰,讲述的是淘宝开店成败的关键道理。

不花心思的店铺注定要失败。开淘宝店不要指望别人,要学会自己分析和思考。成功者并不会透露成功的要诀,不仅如此,他们甚至会故意误导别人。

用错了心思的店铺注定了失败。比如有很多新手卖家,开店之后没有很好地把握好前面几个月时间,总不停地花心思去装修自己的小店。其实那都是白费心思,没有把时间和精力放在促成成交上。

不能持续经营店铺也注定了失败。开心果的淘宝店其实做得很不错,但是日日夜夜地打理淘宝店铺让她失去了自由,而人生必须面对的恋爱、结婚和生育让她无力持续经营店铺。在店铺拥有了持续经营能力的时候,她没有为将来培养一个暂时的接班人,闭店之后再重新开业的难度超出了她的想象。因为她再也没有那么多的时间和精力去研究淘宝的规则变更了。

Part 4

全网实战
——突破重围有妙招

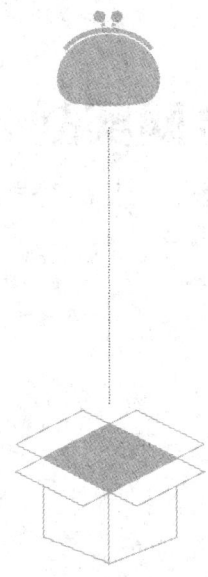

第一节　天猫开店

一、天猫店铺的四种类型

1. 旗舰店

旗舰店指以自有品牌或由商标权人提供独占授权的品牌入驻天猫开设的店铺。

2. 专卖店

专卖店指以商标权人提供普通授权的品牌入驻天猫开设的店铺。

3. 专营店

专营店指同一天猫经营大类下经营两个及以上品牌的店铺。

4. 卖场型旗舰店

卖场型旗舰店指以服务类型商标开设且经营多个品牌的旗舰店。

二、在天猫开店的一些常见问题

问题一：我自己有工厂，主要为其他品牌做代加工及外贸加工，是否可以开设天猫店铺？

答：没有自己的商标或没有商标授权，是不能开设天猫店铺的，在天猫出售外贸品牌商品属于侵权行为。

问题二：我得到了商标授权在天猫开店，货款是不是归我个人所有？

答：开设天猫店铺，需要进行企业支付宝认证，认证成功之后将关闭余额支付功能，并绑定对应的企业银行账户。货款只能提现到企业银行账户内，不能提现到私人账户中。

问题三：成功入驻天猫之后，可以上架其他品牌的商品吗？

答：不能。

三、加入天猫的流程

1. 查询申请资格

品牌：天猫枚举的热招品牌，也可以推荐优质品牌给天猫，部分类目不限定品牌入驻。

企业：合法登记的企业用户，并且能够提供天猫入驻要求的所有相关文件，不接受个体工商户、非中国大陆企业。

2. 准备资料

要想在天猫开设店铺，你需要具备企业资质，并提供相关证件。这些资料主要涉及两大类：一是企业相关类，包括营业执照、税务登记证等常规项目；二是法人授权相关类。此外还有最重要的商标注册证或商标注册申请受理通知书复印件。

下载资质清单，注意选择经营的类目、店铺类型，品牌来源。准备的资料请加盖开店公司公章。

3. 提交入驻资料

（1）选择店铺类型、品牌、类目。

（2）填写品牌信息。

（3）填写企业信息。

（4）店铺命名，需要注意天猫店铺命名规则。

4. 天猫进行品牌评估和审核

（1）品牌评估：

①品牌定位：风格、受众群体、货单价。

②品牌经营实力：品牌成立时间，线下经营情况（门店，近一年交易额、外贸出口额等），淘宝或其他平台经营情况。

③品牌特色：原创设计师品牌、特色服务。

④企业实力：工厂、企业获奖、运营计划等特色信息。

（2）资质审核内容：

①资质真实有效。

②规模达到入驻要求。

③授权有效，链路完整。

④生产、经营范围、产品安全性资质完整，符合国家行政法规许可要求。

5. 激活店铺

比如通过支付宝认证。同时，在天猫开店，是需要通过学习考试的，要先用店铺账号去学习并考试合格，才能激活店铺。

6. 缴费

天猫入驻费用主要有三种。

（1）保证金：在申请入驻审核通过后一次性缴存当年的保证金。

（2）技术服务年费：软件服务年费缴纳、折扣优惠及结算标准。

（3）提点服务费：照其销售额一定百分比进行扣点。

7. 开店

上架商品，装修店铺。

四、加入天猫需注意的问题

盲目加入天猫可能存在运营风险，这些风险又可以分为一般性风险和行业性风险。其中，一般性风险主要来自天猫的常规运作。具体来说，加入天猫店要注意以下几方面的问题。

1. 资金保证

加入天猫，除了需要准备将被冻结的保证金，以及一次性缴纳的年费，更需要做好足以保证销售的正品货物储备。

在这里，有必要介绍一下延迟发货规则。除特殊商品外，商家在买家付款后实际未在 72 小时内发货，或定制、预售及其他特殊情形等另行约定发货时间的商品，商家实际未在约定时间内发货，妨害买家购买权益的行为，就称为延迟发货。商家的发货时间，以快递公司系统内记录的时间为准。延迟发货的，商家需向买家支付该商品实际成交金额的 30%（金额最高不超过 500元）作为违约金加以赔偿，该违约金将以天猫积分形式支付。

2. 发票问题

加入天猫的商家，有义务为买家提供正规发票。发货时未附带发票的，买家有权要求商家补票，商家则需承担运费为买家补票。这就意味着，在低价促销、利润微薄的情况下，就可能会因为未开发票导致运费增加，从而造成亏损。

3. 正品保证

如买家认为商品为假冒（包括盗版）商品，或非原厂正品、未经报关进口商品、假冒材质成分商品（其中假冒商品、未经报关进口商品、假冒材质成分商品的定义以天猫规定为准），且在买家与商家协商未果的前提下，买家在天猫指定的期限内可以发起维权，申请消费者保障赔付。如天猫判定买家赔付申请成立，商家需向买家退回其实际支付的商品价款，并赔偿其遭受的损失（增加赔偿的金额为买家实际支付商品价款的 4 倍），并承担维权所涉商品所有的物流费用。

另外，天猫还执行官方抽检制度，委托国家正规的第三方质检机构、知识产权所有人等进行鉴定。一旦发现商品的品质存在问题，天猫将依据规则进行处罚，情节严重的将根据相关服务条款做终止服务处理。出售假冒商品的，每次扣 48 分。为了防止对公众造成不利影响，保护消费者权益，对涉嫌违反上述规定的商家，天猫将视情节严重程度对店铺进行监管。

行业性风险的出现，则多半由于某些行业的产品并不适合在网上销售。比如存在配送与提货困难问题（送货入户费用高）的商品、买家无法自行安装（面对非同城买家时，商家又无法提供上门安装服务）的商品、产品在流转过程中容易破损的商品，以及容易与人的预期出现差异的产品等。

五、参加活动对天猫商家的重要性

天猫商家要培养好自己的活动运营人才，仅仅靠普通的集市 SEO 发展可能并不会尽如人意。

天猫组织的日常营销活动，主要是聚划算、淘抢购、天猫超级品类日、超级品牌日、天猫小黑盒、大牌臻选、天天特卖、新粉购、天猫 U 先、领券业务、正当红等。

而大活动促销包括双十一、双十二、年货节、38 女王节等。

很多活动是收费的，所以参与活动是否能达到应有的效果，就需要商家对文案、策划、搭配销售等全部考虑到位。

第二节 阿里巴巴国际站

阿里巴巴国际站（以下称"出口通"）是帮助中小企业拓展国际贸易的出口营销推广服务平台，它基于全球领先的企业间电子商务网站——阿里巴巴国际站贸易平台，通过向海外买家展示、推广供应商的企业和产品，进而帮供应商获得贸易商机和订单，是出口企业拓展国际贸易的首选网络平台之一。

为什么有些企业开通出口通，却并没有什么效果呢？

一、缺乏店铺运营人才

负责出口通的店主需要精通英语和外贸知识，还需懂得网上开店的知识，这两者往往难以兼得。店铺运营人才的缺乏，主要表现在以下几个方面：

（1）关键词的设置过于简单，不懂得运用长尾关键词来获得更多流量。

（2）商品图片粗糙，描述内容过于简单。商品描述中应增加工厂面貌、机器设备、质量监控流程图等资料来增强买家对工厂的信任。比如缝制厂在商品描述中增设检针设备、断针记录细节图等，将大大提高采购商的认同感。

（3）行业专业知识的匮乏。品质控制是采购商最担忧的环节。作为业务员，熟知产品质量控制流程将使其在谈判中凸显自身的业务能力。

二、立竿见影的矛盾

开通出口通需要支付五位数的费用，对于企业来说虽然不算大数目，但要想说服老板支付这笔费用，就必须拿出业绩来。而且，这些费用的支付也仅仅表现为有了一家英文外贸网站，通过阿里巴巴国际平台进行了一些自然排序流量的展示。如果需要获得更多的流量来进行关键词竞价等广告推广投放,则又需要另外一笔开支。支付费用之后,还不见得就会马上有订单。这些对于运作出口通的负责人都会造成一定的心理压力。

在这里还要特别指出两点:一是细节决定成败,二是收款存在风险。

国外采购商最关注的是细节问题,所以一个订单是否能顺利交货,往往取决于诸多细节问题。养成良好的品质管理习惯,将是规避重大风险的基础。

举一个实例来说明外贸交易中细节的重要性。

某工厂一个出口到智利的订单中,包括两款产品,分别是毛巾(toalla de playa)和戴帽披风(toalla capucha)。它们所使用的标签(label)包含了很多信息,关键的区分点在于货物描述和条形码(bar code)。可是,在外发加工标签的时候,印刷厂将toalla de playa和toalla capucha忽略了,做出来的两款标签仅仅体现了条形码的区别。虽然客户不要求送样品确认,但是业务员还是按照流程坚持快递了样品并获得客户确认之后才生产大货。到后来第三方验货才发现了这细微的区别,标签的价值虽然可能不到一分钱,但货物名称错误却是非常严重的事故责任。而正是因为业务员坚持送样并等待客户的确认,才最终让工厂规避了重大损失。

近年来,很多外贸加工工厂都遇到过收款风险,这往往是企业邮箱被入侵所导致的。邮箱入侵者了解订单交易的所有细节之后,注册与企业邮箱非常雷同的邮箱(比如,原企业邮箱后缀为@alibaba.com.cn,它们则注册邮箱后缀为@a1ibaba.com.cn,前面是英文字母l,后面为阿拉伯数字1)。当订单完成之后需要国外客户付款时,入侵者则使用假冒邮箱发送变更收款资料的邮件给客户,甚至和客户来来往往多次沟通,做得天衣无缝。国外客户未经历过这样的国际诈骗,就很容易中圈套,几万美元的小生意货款转眼间就汇入骗子的账户中了。面对这样的国际诈骗,企业和国外客户都显得很无奈,因为报警立案的难度非常大。要避免这类事故发生,需要做到两点:一是使用正规的企业邮箱；二是订单签订时就告知客户，企业收款银行信息是不会变更的，甚至在快递样品时也会附带企业收款信息等介绍。

对于运作出口通，实体加工企业的能力明显要弱于中间贸易商。通过出口通，中间贸易商家获得大量中、小订单后便联系实体企业进行加工，再通过第三方完成出口订单。贸易商接到的订单单价高，给工厂的单价却很低；工厂整日哀叹利润低薄、价格透明。这样的局面是不是也值得我们深刻地反思呢？

第三节　阿里巴巴诚信通

一、为什么开通了诚信通没有起到多大的作用

阿里巴巴诚信通是阿里巴巴为从事中国国内贸易的中小企业推出的会员制网上贸易服务，主要用以解决网络贸易信用问题。企业在阿里巴巴诚信通上建立网上企业商铺，可以通过这个商铺直接销售产品，并宣传企业和产品。

很多企业并没有很好地运用诚信通，主要表现为：

第一，缺乏电商人才。没有相关的专业人才进行运作，不懂电商平台的具体运用，仅仅在店铺开张初期投入少量人力、财力，而且以为只要拍拍商品照片，上传一下就可以了，所以流量展示不佳。此外，开通诚信通的管理者一般都身居要职，在网上发布了手机信息后，基本上每天都会接听到"诈骗""股票投资""贵金属投资""理财服务""融资服务""商标注册"等方面的骚扰电话。管理者对此大为光火，而面对真正的询盘者也表现冷漠，完全

没有电商运营应有的服务姿态。他们平日习惯于指挥和命令下属，对线上询盘者往往都缺乏最基本的礼仪。

第二，难以从思想上接受线下支付转换为线上交易。合同和银行付款的传统思想束缚了企业决策人，面对金额较大的订单，坚持以收了现款才发货作为资金安全的保证。殊不知，阿里巴巴诚信通转换为在线交易平台之后，后台的交易量会很大程度地影响商品在搜索结果页的权重。越不通过线上交易，流量会越萎缩、低迷。

二、诚信通的商品信息排序

诚信通影响商品信息排序的因素一般有五个。

1. 产品标题、类目和属性与被搜关键词的匹配性

堆砌关键词是不可取的方法，比如一个服装企业生产多种商品，如毛衣、毛裤等。在发布商品时，为了图简单或者是想让访客同时知道自己生产多种产品，便把标题写成"毛衣　毛裤　毛外套　毛绒裤"，显然不妥当。因为在买家看来，他输入"毛衣"关键词搜索时，有明显的针对性，并没有寻找毛裤的意图。所以，毛裤和毛衣不匹配，就会影响搜索结果的排序。类目和属性越精细准确，越会让商品优先展示。

2. 在线交易的成交笔数、人数、回头客数量

正如前面所说，诚信通变身为"上游淘宝"，实现在线交易的转换，肯定会以在线交易的成功率来考核商户。在线交易成功率高的商品就相当于"人气宝贝"，和在淘宝中一样，诚信通也将在线交易成功率作为最重要的排序规则。主要考核的内容是交易量、好评率、转化率、收藏量、回头客、退换货率、旺旺反馈速度、产品浏览量等。正如官方所说，这些指标都容易成为和淘宝的信誉度炒作一样的参数。虽然系统做出了过滤，但是，熟练掌握淘宝卖法

的卖家还是能轻而易举地规避系统稽查。

3. 商品质量信息

在发布商品信息时,资料的完整程度是考核商品质量信息的重要依据,系统自动为商品信息进行星级评定,低于三星的信息排名明显靠后。商品图片的质量也是非常重要的,可以参考淘宝网店中的图片要求。

4. 商户的资质

包括商户上传的证件齐全度、实地认证、是否像淘宝一样冻结保证金、橱窗推荐、供应商等级等。

5. 旺旺在线时间、商家服务质量

考核的具体内容包括旺旺应答情况、点击的转换率等。

第四节 面向全球市场的全球速卖通

全球速卖通是阿里巴巴旗下面向全球市场打造的在线交易平台,被广大卖家称为"国际版淘宝"。全球速卖通面向海外买家,通过支付宝国际账户进行担保交易,并使用国际快递发货。

一、全球速卖通和淘宝网的类似性与不同点

1. 类似性

两者都是基于电商平台担保模式来运行的,在操作方面有很多雷同之处,

比如重要的标题优化、搜索优化等。

2. 不同点

速卖通赚美元，国际买家和中国买家的差异性决定了两者之间的差异。比如，搜索习惯不同导致标题优化不同。不能以中国人的眼光来决定店铺的运营方式，更多的要站在国际买家立场看待问题。

二、商品的上架

除了普通的发布商品之外，速卖通有一个类似产品导入的功能，可以方便相似产品快速发布上架。比如同子类目，系统自动填写商品属性，卖家修改部分不同点即可。

后　记

如果你想仅仅凭借走马观花地阅读一本图书中的知识和经验，就马上提升自己的宝贝销量，那你可能会有些败兴！这点我很理解，我在网上也看到有些读者毫不留情地怼作者，诸如"无价值""两个小时就看完了"，更有甚者称我在"用垃圾骗稿费"。所以，借着本书的"后记"，我想再聊聊淘宝，聊聊营销。

一、说说这本图书的中心线索

我个人的观点是，希望通过阅读这本图书的朋友能够解决"货源"和"推广"两大开店难题。文中给出了女鞋货源，重点介绍了淘宝助理上传方法，详细分析了定价策略，展示了锤炼出自己的人气宝贝的不同推广手段。

我还用一个真实的案例来说明通过这种渠道是可以获得丰厚回报的。故事中的女主角通过自己独特的见解，用心发现属于自己的货源，没有众人的盲目；用心编辑属于自己的宝贝图片，没有众人的懒惰；用心增加宝贝的销量，没有众人的无所适从。她会测试同款的竞争情况，会为对手创造竞品；她会竭尽全力地去维持销量，不让店铺陷入死气沉沉的低谷。

如果没有用心发现，我想世界上没有任何一本图书、一段视频就足以解开你心中的疑惑，让你的店铺脱颖而出。同样一个老师教出来的学生，三十年后有的富甲一方,有的一贫如洗;同样听了一个故事,有的人觉得茅塞顿开,有的人嗤之以鼻;同样一种推广方法,有的人身体力行,卓有成效,有的人视若无睹,毫不在意。

二、淘宝开店维持销量的基本思路

本书中并没有什么绝技可以让你的宝贝在一夜之间卖出几千几万件,即使有这样的方法,也不得长久,仅仅是昙花一现罢了。

要想让自己的商品保持稳定的销量并有所提升,需要遵循一定的基本法则。

1. 流量和成交法则

淘宝输入流量到某个宝贝,目的是要访客下单付款,如果流量和成交不成比例,那么说明这个宝贝并不受欢迎,淘宝就会减少对该宝贝的流量输入。而越是销量多的宝贝,其排名就会越靠前。

2. 免费和付费法则

自然搜索结果一般视为免费流量,通过付费方式进行的推广都是付费流量。付费获取流量的目的是激活和保持宝贝的销量,从而获得更多的免费流量,如此良性循环才可以保持应有的利润,以便网店的持续运营。

3. 活动再分配流量法则

只有通过努力让宝贝具备一定销量,才可以获得活动再分配流量,这个是最基本的前提。只有理解本书中的定价模式,才可以提高活动审核通过率。

为了保持稳定的销量,很多网店培养了一批暗黑粉丝,其实利用的就是本书中提到的"利用老客户提升人气"的方法。这些所谓的"暗黑粉丝"其实是卖家甄选出来的部分老客户,他们在一些利益诱惑面前充当了雷同炒作信誉度的角色。在卖家单品销量下滑时、新品上市时、报名参加活动前,暗黑粉丝将被适度地推到前面,充当先锋队。

三、取好标题是网络营销最基本的水平

很多人对标题党深恶痛绝，因为标题和内容大相径庭。然而，网络营销最基本的就是给你的营销内容取个好的标题。标题党的目的在于吸引眼球，获取点击量，从而获得相应的利益。

我曾经做过很多网站，其中有一个网站是情感故事类型的。对于网站的标题，我琢磨了很多天才拟好。网站标题要符合网站主题内容，要标新立异，要荒诞不羁，要夸张吹嘘，最关键的是，要让更多的访客有点击的欲望。我最终敲定网站主标题唤作"男女间的那些破事"，而就是这八个字，在很长时间里每天为我赚得近千元的广告费。

把标题运用在淘宝开店上，更是一门高深的学问。它不仅是为宝贝取一个好名字这么简单，而是在推广时可以发挥更加重要的作用。比如，淘宝直通车可以重新定义宝贝标题，那就是花钱请人来点击获取流量了，简单的几个字不仅要访客点击，还要诱惑访客埋单，不然推广费花掉了，没有成交就是在亏损。还比如，在一些论坛里面去推广淘宝商品，也需要给推广帖子取一个好的标题。本书中说到了一个工人在淘宝开了一家装修网店，像这种网店就非常适合去本地论坛进行推广，那么你可以写出来多少条好标题来帮助他呢？

四、营销起始于好的思路，重于行动落实

好的思路可以让眼前峰回路转，而所有的思路贵在于落实。没有执行，等于妄想；执行了没有成功，等于经验。本书中有很多推广方法，但你需要根据自己的专长选择合适的方法。

很多年前有一位专门报道网商的写手，叫"上海伟雅"，他当时名气很大，出版过几本网商图书，是淘宝论坛网商故事分版版主。当时，淘宝也是有博

客产品的，他经常现身于官方博客推荐中，流量自然很大。而我当时也有一个淘宝博客空间，经常发关于开店交流、淘宝产品改进建议等内容的原创文章，时常有重量级小二光顾。我经常阅读上海伟雅的作品，然后把自己的阅读感想和建议写成文章发表在博客中，并@上海伟雅。他看了我写的文章，很是感动，主动和我聊天，探讨写作方面的事情。此番交谈后，上海伟雅的博客友情链接了我的博客。这个链接为我的博客带来了更多的流量。淘宝博客并不是一个热门产品，但是当时我的博客流量每天都有几千甚至上万。

而后，有一个卖家向我讲述了她在淘宝开店的故事，说许多年了网店一直毫无起色，各种方法想尽了，她把我写的文章全部看了，并提出了一些值得圈点的看法，请教我如何走出低谷。后来，我在自己的博客中写了一篇文章，把她的网店和宝贝提了一嘴，却不承想简单的一篇文章引爆了一件T恤的热卖，为她持续带去了很多销量。而她趁着这股销量报名参加了各种活动，还得到了淘宝小二的提点，掌握了参加活动的技巧，经常和她的朋友凌晨三点还在打包发货。

其实，这个小故事讲述的是一个流量链的问题。我用原创文章获得流量，借助其他的名博引流提升和巩固流量；女卖家又借助我的博客流量为她导流，通过参加活动来巩固扩大流量。

她的推广方法其实和我的博客推广方法雷同，我去拜读上海伟雅的帖子，她来拜读我的帖子，同样都是为了博得关注。这是营销的一个思路，拜读文章是一种营销落实，发起对话是自我价值的一种营销。

也许你在思考，这博客都是什么年代的事情了？网红已经从文字网红、图片网红走向视频网红了，现在说博客营销未免太落后了。我想，我是在讲述一个真实的案例，这个案例告诉你的可能并不是用博客去营销，而是告诉你需要对营销有想法、有尝试、有落实。如果博客、论坛已经落后了，那么公众号、朋友圈、微博、小视频和在线直播呢？可能你一听说朋友圈营销，马上想到的是每天都在自己的朋友圈发广告，那可能并不叫营销！除了你的微信好友们逐步屏蔽你的朋友圈外，你可能一无所获！

五、做任何事情必定需要自己的技巧

　　老虎拜猫为师，猫把自己的本领全部教给了老虎，然而老虎却要吃掉猫，这时猫纵身一跃，很快爬到树上。"留一手"虽然阻碍了人们获得进一步的发展，却是一个人保护自己利益的重要手段，这就是为什么光靠学习是不能进步的。很多人观看了淘宝开店的教学视频，发现看的时候觉得说得挺在理，做的时候却毫无头绪。一个小时的课程其实大部分时间在说闲话，重复一些没用的东西，始终没讲到点子上。其实，讲师有没有点子？有没有技巧？未必没有！如果很容易说明白了，话说得太透彻了，那本领全部被老虎学走了，谁还愿意来听课？这也是讲师的技巧。

　　做任何事情都需要自己的技巧。一个人会产生很多的社会关系，如何让这些关系更加融洽？可能有的人选择记住周边关系群个人的生日，在他生日那天献上哪怕是一句生日快乐祝福语，都是巩固关系的一个技巧。而那么多人的生日如何能准确记住？有的人便使用腾讯QQ邮箱中的日历功能，一次设置，终身准时微信推送提醒。这又是解决问题的一个技巧。

　　于淘宝而言，书中也说到了一些技巧。但是，很多技巧一旦公开，便可能不再是技巧了。比如以前淘宝网可以直接人工向小二申诉修改删除中评、差评，我便总结出写申诉报告的技巧，先低头向买家和小二道歉，再摆事实、讲道理，给出解决办法，最后再次道歉，希望能得到官方支持并删除中评、差评。使用这个方法，成功率非常高。如果你的申诉报告从头到尾都充斥着和买家的纠纷和辩解，即使可能不是你的过错，官方小二也是不可能人工为你修改评价的。但是当这些技巧被公开发表后，马上就失效了。淘宝网官方看到这样的文章，就改变规则，不再人工受理修改评价了。

　　并不是每个人都懂得如何做生意。阿里巴巴有超过1000万家企业入驻开店，其跨境平台有超过50万家企业入驻。为什么有的店铺生意非常红火，有的店铺却感受不到阿里巴巴传说中的神奇？有太多的店铺客服并不知晓如何和陌生人打交道，措辞僵硬，缺乏对买家的基本尊重。买家说"你好""您好"，卖家说"你说""你讲什么事"。这类不太懂得尊重买家的人并不适合做生意、不适合做业务，也不适合做客服。

淘宝开店能否成功，有其必然性，也有其偶然性。不学无术、眼高手低，注定生意惨淡；善于思考、勤勉执着，必定有所回报。而得到一些重要的技能、不可求的机遇、贵人的相助、断腕的魄力等都可能存在一定的偶然性。为了那些偶然，需要用心去发现！

最后，你可以扫描下方二维码，关注我的微信公众号，有什么问题或想法，都给我留言，与我交流。